30事例から学ぶ

不動産のプロだからできる親と子どもを幸せにする相続

不動産相続の相談窓口／著

現代書林

目次

序章　不動産相続のリスクがますます高まっている!?

「改正空家特措法」――空き家に対する行政の目が厳しくなる……8
新たにクローズアップされる空き家リスク……10
不動産相続における空き家対策……11
相続登記の義務化で相続はこう変わる!……14
不動産相続が難しいワケとは?……16
「相続」が「争族」になってしまうリスク……20
感情的なもつれが問題をさらに難しくする……22
認知症の問題が相続の大きな壁に……23
認知症になる前にどんな手を打つべきか?……24
相続人が認知症の場合は?……26

第1章 不動産相続は一筋縄ではいかない

事例1 別居している配偶者が亡くなった。不明瞭な財産を相続するかもしれない……30
事例2 遺言書があっても相続人の間で諍いが勃発。トラブルが発生した場合の対処法……34
事例3 遺言書で財産を「遺贈」する場合は、税金のことを十分に考慮する……40
事例4 遺言信託にはメリットとデメリットがあり、理解した上で現状に合った相続手続きを……45
事例5 一度確定した遺産分割協議でも、より節税になる方法があればやり直すことはできる……49
事例6 ある日突然「見知らぬ土地の相続人になった」。それが「負動産」だった場合の対処法……54
事例7 父の遺産相続で「異母兄」の存在が浮上。遺言書がない場合の遺産分割協議の留意点……59

第2章 不動産が絡むと相続は「争族」になりやすい

事例8 借入金の上手な組み合わせによって相続税をゼロに近づけることもできる……64
事例9 兄弟など相続人同士の関係が悪いと、不動産相続の問題点がさらに複雑になる……69
事例10 不動産の時価と相続税額は別物。家族経営の場合は事業承継と相続対策を同時に検討……75
事例11 見知らぬ人から「あなたは相続人」との知らせ。「放棄します」では済まないこともある……79

第3章 土地の有効活用は不動産のプロでないと難しい

事例12 住まなくなった実家（空き家）の処分。税金面で合理的な方法を活用する……86
事例13 倒壊の恐れのある建物付き土地を売りたいが、店子がなかなか納得してくれない……91
事例14 節税対策としてマンションの建築を紹介されたが、それが正しいのかどうかで迷っている……95
事例15 付き合いの長い税理士からの提案や請求に納得できないときはこう対応する……100
事例16 認知した非嫡出子は、嫡出子と同様に相続の権利を持っている……104
事例17 あえて不動産を夫婦共有で相続。2次相続を考えて一番良い選択を考える……107
事例18 広すぎる実家を相続したら、思い切って売却することも検討する……113
事例19 住むつもりのない借地権付き不動産。相続人が選択した「空き家特例措置」……118
事例20 区画整理されない複雑な土地や農地は、まず関係者の認識と意識を共有する……122
事例21 変形地やトラブルの多い土地も、プロに相談すれば糸口が見つかる……127
事例22 未接道の農地を高く売れる土地に変える方法……132
事例23 資産価値の高い不動産を所有しているが、手元に余裕資金が少なく生活に不安……136
事例24 節税対策として不動産投資を選択する前に、ROA診断による資産の分析を行う……142

事例25 使い勝手の悪い物件は更地にして売却をまず検討する……147

第4章 親の認知症や健康に不安が出たら、相続対策は待ったなし!!

事例26 養子縁組制度を利用して財産を渡したくない相続人の法定相続分を減らす……152
事例27 被相続人が突然倒れた！ タイムリミットが迫るときの相続対策……158
事例28 認知症が深刻化したらもう遅い。家族信託の活用で安心できる相続と資産活用を……162
事例29 抵当に入れた自宅とわずかな現金があるだけ。高齢夫婦が安定した生活を送るための対策……167
事例30 認知症になっても、成年後見人を立てれば物件を売却できる場合がある……171

第5章 スムーズな相続を行うために、今しておくべきことは？

不動産相続の7つのポイントを押さえる……176
測量と公図確認などで現状把握を行う……179
正しい遺言書の書き方とは……182

■あなたの町の頼れる不動産相続の専門家……194

序章

不動産相続のリスクがますます高まっている!?

「改正空家特措法」――空き家に対する行政の目が厳しくなる

相続、特に不動産相続は難しい。最近、そのような声をよく聞きます。不動産相続には多くの法律や税制が絡んでいるということがあるでしょう。しかもそれらが、時代と共に変化しているため、素人にはますますわかりにくいということがあります。

令和5年12月13日、「改正空家等対策の推進に関する特別措置法」(改正空家特措法)が施行されました。これにより、放置された空き家に対して「管理不全空家等」という区分が新たに設けられました。

実は、平成27年より施行されていた改正前の法律は、行政から「特定空家等」として指定されると固定資産税が最大で6倍になるというものでした。今回の改正は、「特定空家等」にはまだなっていなくとも、将来そうなりそうだという空き家を「管理不全空家等」として指定するというものです。

つまり、空き家に対する行政の目が厳しくなってきているということ。空き家を所有している人は先手先手の対応が迫られるようになったということです。

ちなみに「特定空家等」と「管理不全空家等」は次の状態のいずれかに該当する物件です。

〈特定空家等〉

・そのまま放置すれば倒壊など著しく保安上危険となる恐れのある状態
・そのまま放置すれば著しく衛生上有害となる恐れのある状態
・適切な管理が行われていないことにより著しく景観を損なっている状態
・周辺の生活環境の保全を図るために放置することが不適切である状態

〈管理不全空家等〉

・そのまま放置すれば将来「特定空家等」になる恐れがあると認められる状態

国が空き家に対して厳しく臨むのは、昨今の空き家の急増という事情があります。2023年の総務省の調査によると全国の空き家の数は住宅全体の13・8%にあたる900万戸。前回調査より51万戸増加で、過去最多となりました。放っておけば市民の日常生活の安全と衛生の大きな障害になる空き家が、町のそこかしこに出現してしまう。それを防ぐための対策ということです。

新たにクローズアップされる空き家リスク

もともと不動産相続において、空き家はリスクの1つです。固定資産税がかかるのはもちろんですが、空き家の修理、修繕やその周りの環境の保全など、さまざまなお金や人手がかかるからです。中にはお金や人手が回らず、そのままにしていた相続人や被相続人も少なくありませんでした。また、空き家を取り壊すことで土地は居住地ではなくなるため、固定資産税がより高くなります。そのためあえて取り壊しをしないという選択もありました。

ただし、空家特措法、改正空家特措法の一連の流れにより、空き家対策は不動産相続にとっても喫緊の課題になったということです。

もちろん空き家がすぐに特定空家等となるわけではありません。人がたとえ居住していなくても継続的に管理され、適宜修理、修繕が行われているのであれば問題はないのです。問題は「特定空家等」「管理不全空家等」に指定される、あるいはその恐れのある物件です。

定期的な自治体担当者の見回り、または近隣住民などからの行政への通報によって、問題物件が浮かび上がってきます。その後、行政による空き家の現状把握、すなわち調査が行われます。それによって問題ありとされると、家屋の状況に応じて「管理不全空家等」または「特定空家等」と判断され、家屋の所有者に状況改善の指導が入ります。具体的に家屋のどこが管理不全であるかを指摘し、それを改善するように求められるのです。行政からの指導を受け入れる意思が見られない場合、あるいは対応が不十分である場合には、具体的な措置を講じるようにとの勧告を受けることになります。

勧告が出た時点で、その家屋の敷地について適用されていた「住宅用地に対する課税標準の特例」が適用されなくなるため、敷地の固定資産税が一気に6倍に跳ね上がるというわけです。

特定空家等に対して勧告がなされた後も、いっこうに空き家の状態を改善する気配がなければ、改善命令がなされ、それにも従わなかった場合には、50万円以下の過料を科されます。また、行政代執行による解体が行われ、その費用を請求される可能性もあります。

不動産相続における空き家対策

不動産相続におけるポイントはいくつかありますが、時代の流れと背景によって、その力点は少しずつ変化しています。空き家リスクが高まった今日、不動産相続において空き家対策は必須のポイントになったといえるでしょう。

通常の空き家は資産価値の残っているもの（そのまま居住することができるもの）と、資産価値のないもの（そのままでは居住することができないもの）に分かれます。資産価値のある空き家に関しては、相続人がそのまま住んだり、賃貸物件として活用する方法もあります。もちろん、売却することも選択肢です。その場合は不動産を相続した日から3年を経過した年の12月31日までに売却することを検討しましょう。いくつかの要件を満たしていれば、「被相続人の居住財産（空家）を売った時の特例」で、譲渡所得から最大で3000万円が控除されます。

問題は、資産価値のない空き家を相続した場合にどうするかということです。大きく次の3つが考えられます。

①修繕して再利用する
②空き家を解体して土地の評価額を上げて売却する
③相続放棄をする

①の「修繕して再利用する」に関しては、それなりのキャッシュフローが必要です。資金的な余裕がなければ難しいでしょう。修繕して賃貸物件にするのであれば、長期的な計画と賃貸経営に対する知識や情報も求められます。

②は解体費用がかかりますが、たいてい①の再利用よりは安いはずです。その上で土地の価値を上げて売却する。売却益で解体費用は賄えます。ある意味もっとも現実的ですが、それなりに売れる立地でないと難しい面があります。

①、②ともに難しければ③の相続放棄です。この場合、相続開始を知ってから3カ月以内に家庭裁判所で相続放棄の手続きをします。これによって被相続人の遺産相続を放棄することが可能になります。ただしこの場合は、この物件以外の相続財産もすべて放棄しなければなりません。総合的に勘案した上で判断しましょう。

その他の方法として、「相続土地国庫帰属制度」の利用があります。令和5年4月から相続や遺贈によって取得した土地の所有権を、国庫に帰属させることが可能な制度です。ただし、建物がある土地、担保や賃借権が設定されている土地、他人の利用が予定されている土地、境界が明らかでない土地、争いがあるような問題のある土地は申請が却下される可能性があります。

さらに自治体への寄付や法人への無償譲渡、隣地所有者への無償譲渡など、寄付や譲渡という手段もありますが、いずれにしても相手の承認が必要であることはいうまでもありません。

以上は空き家の相続を受けた後に行う相続人の対応です。空き家リスクが高まっている現在、空き家になる予定の不動産を相続の視点からどう対応、処理するかを、事前に考え準備しておく必要があります。相続人のこのような負担を減らすべく、事前に被相続人と相続人との話し合いをしておくことが肝要なのは当然です。

いずれにしても時代の流れと背景によって、不動産相続のポイントは変わっていきます。そのことを意識し、適切な相続対策を行うことが求められているのです。

相続登記の義務化で相続はこう変わる！

令和6年4月1日から相続登記が義務化されたことも大きなポイントです。

相続によって不動産の所有権を取得した場合、取得した相続人は所有権の取得を知った日から3年以内に相続登記をしなければなりません。

また、遺産分割協議によって不動産を取得した場合は、遺産分割が成立した日から3年以内に相続登記をしなければなりません。

いずれに関しても、正当な理由なく義務に違反した場合は10万円以下の過料の適用対象となります。

どうして国は登記の義務化を進めたのでしょうか?

これまで義務化されていなかったので、登記しないままの土地が増えてしまいました。その結果、所有者が特定できないために有効な土地活用ができなかったことが大きな問題となり、今回の措置に至ったわけです。

相続登記は専門家である司法書士や土地家屋調査士に依頼するのが確実で安心です。もし、自身で登記申請を行う場合には、登記申請書の作成や、登記の種類や内容に沿った添付書類の収集および作成を自分で行う必要があります。法務局では登記手続案内として、登記申請書の作成等に必要な情報の提供をしています。ただし、申請しようとする登記の種類や内容によっては、高度な専門知識（民法・会社法等の高度な法律知識や、測量等の技術的知識等）を要する場合や、書類の作成・収集に相当な手間・時間を要する場合もあります。やはり、ここは無理をしないで専門家へ依頼するのが無難です。

不動産相続が難しいワケとは？

不動産相続は元来、さまざまな面において難しさを抱えていました。法律や税制だけでなく、金融や不動産そのものの知識が必要になります。幅広く総合的な知識と情報分析力が求められるのが不動産相続なのです。

ただし、それをある程度クリアしたとしても、不動産相続が難しいものであることは変わりません。そこには2つの本質的な難しさがあるからです。

その1　不動産の価値がわかりにくい

1つは「不動産の価値がわかりにくい」ということです。例えば、公的機関が公表している土地価格だけで4つもあります。

①固定資産税評価額：固定資産税額の基準となる評価額。各市町村の不動産鑑定士が家の劣化状況を実際に確認して評価する。3年に一度見直しがあり、固定資産税以外にも不

動産取得税、都市計画税、登録免許税などの算出に用いられる

②公示価格：国土交通省が公表する毎年1月1日時点の標準地の1㎡あたりの地価。全国の分科会に属する鑑定評価員（不動産鑑定士）が判定し、国土交通省土地鑑定委員会が毎年3月に公示する。一般的な土地売買の基準になったり、公共事業の土地取得価格の参考になる

③基準地価：都道府県が公表する全国2万カ所以上の基準地の1㎡あたりの価格。基本的な用途は公示地価と同じだが、都市計画区域外も対象になっている

④路線価：道路（路線）に面する標準的な宅地の1㎡あたりの地価。宅地が接している道路の路線価に土地の面積をかけることで評価額を計算する。ちなみに路線価には国税庁が公表している「相続税路線価」と、各市町村（東京23区は東京都）が公表している「固定資産税路線価」の2つがある。前者が公示価格の80％程度、後者が同70％程度となる

この4つ以外に、市場で実際に行われている売買取引価格である「**実勢価格**」がありますが、公的機関が公表する評価額とは大きく異なる場合があることはよく知られています。

不動産相続では、主に④の「相続税路線価」が関わってきます。ただし、相続対策として

不動産を売却するのであれば、①の「固定資産税評価額」や「実勢価格」が関わってきます。

このように不動産自体は1つでも、その評価の仕方が分かれていて単純には価格を決められないのが土地評価なのです。

例えば、先祖代々所有している山林があるとします。そこは市街化調整区域に指定されているので、簡単には住宅も建てられませんし、その他の活用もしにくい区域です。とはいえ税制上の優遇があり固定資産税は少額です。「じゃ、いいか」とそのまま相続したとします。ところが予想以上に多額の相続税を請求されてしまうということがあり得るのです。

一体なぜこんなことが起きるのでしょうか？

路線価が決められていない市街化調整区域などの土地については、「倍率表」というものを使って評価額が求められます。その倍率表の数字いかんによっては、大した相続税はかからないと思っていた土地に多額の相続税が課されることがあるのです。

相続税評価額に比べて実勢価格がずっと低くなるケースは他にもあります。その1つが傾斜地です。駅近で相続税路線価は非常に良い価値でも、傾斜地など建物が建てにくく住みにくい場所は、実勢価格が一気に下がってしまうことがあります。

このように不動産の価値、価格というのはとても複雑でわかりにくいのです。相続やその対策を行う際、これらを見誤ると思いがけない税負担となったり、相続人同士でトラブルになってしまったりする可能性もあるのです。

その2 不動産は分けにくい

不動産相続の本質的な難しさとして次に挙げられるのが、「不動産は分けにくい」ということです。

例えば、3億円の資産を持っている人が亡くなり、それを奥さんと子ども2人で相続したとします。法定相続ということなら、奥さんがその2分の1を相続し、2人の子どもが残りを2つに均等に分けるので4分の1ずつ相続することになります。

3億円の資産すべてが仮に金融資産であったとすれば、すんなり奥さんに3億円×2分の1＝1億5000万円、子どもそれぞれに3億円×4分の1＝7500万円ずつきれいに分割することができます。

ところが3億円のうちの2億円分が不動産だったら話は面倒です。2億円の不動産をどう分割するか？　ちょうど奥さんに2分の1、子ども2人それぞれに4分の1ずつ現物で分けることはまず難しい。不動産は金融資産のようにきれいに分割することができません。それが不動産相続の大きなネックであり、難しさなのです。

そこで1つの方法として不動産を売却し、現金化して分けるという方法があります。これを「**換価分割**」と呼びます。ただし、相続人の誰かがそこに住んでいたり、住みたいという意志があれば、話はややこしくなります。

もう1つの方法は「**代償分割**」です。相続人の1人が相続した家に住む代わりに、その他の相続人に対して相応の現金を支払うという方法です。ただし、この場合も支払う側にそれだけの金融資産がなければ実現できないという難点があります。

その他の方法として「**共有**」があります。相続する不動産を相続人による共有名義にするのです。これは後でも触れますが、のちのちさまざまなトラブルを招くきっかけにもなります。できるだけ共有名義は避けるというのが昨今の不動産相続の鉄則の1つです。

いずれにしても、不動産相続の本質的な難しさとして、不動産は分けにくいということがあることを踏まえておくべきでしょう。

「相続」が「争族」になってしまうリスク

以上、不動産相続における本質的な難しさの代表2つを取り上げました。ただ、不動産に限らず、相続全般にいえる難しさがあります。それは相続人同士の思惑や意見の対立です。

令和5年に裁判所に持ち込まれた遺産分割事件数は1万3868件にのぼります。「相続」ならぬ「争族」はここ数年こそ微減しているものの、全体として1万件以上になっているのです。

うちは皆仲が良いから、あるいは相続する額は少ないので、争いにはならないと考えている人が多いのです。相続のもめごとに関する調査データによると、相続に際してもめごとは「起こらない」と考えている人は34・4％、「おそらく起こらないと思う」とする人は48・1％で、実に8割以上の人が楽観視しています（不動産相続の窓口「不動産相続の課題」）。

ところが実際に相続となると、その厳しい現実に直面することになります。令和5年司法統計年報（家事編）によると、遺産分割事件の33・84％が遺産1000万円以下、43・77％が遺産額1000～5000万円以下で、77・6％が5000万円以下の遺産で争われているのです。

日頃どんなに仲が良くても、金額の多寡にかかわらず、なぜ自分だけ損をしなければならないのか？　一生懸命親の面倒を見たのは私で他の人は見て見ぬふりだったじゃないか？　など、さまざまな思惑や感情が絡み始めます。

どんなに仲の良い家族でも、残念ながら骨肉の争いとなり、その後付き合いさえなくなってしまう。そんな悲しい結末がいくつもあるのが相続の現場です。

このように非常に人間的な要素が絡んだ問題ですから、相続は決して一筋縄ではいかない、難しさを秘めているというわけです。

感情的なもつれが問題をさらに難しくする

「争族」があったとしても、それが単に財産の分割の割合や金額に不満があるということであれば、まだ解決は可能です。ところが厄介なのはそういう損得ではなく、ただ単に感情的なしこりや嫌悪感のようなもので話がまとまらないケースです。

兄弟など近しい間柄であるほど、感情的な対立は根が深いものになります。とにかく気に食わないという理由だけで、話し合いをしないとか提案に頑として応じない。そういうことが結構多いのです。

こうなると理性や損得で交渉できる余地がない分、非常に厄介な問題になります。本書の実例にもいくつか出てきますが、このような場合は、それぞれが代理人を立てるか、利害関係のない第三者を仲介者として交渉を進める以外に方法はありません。

本人同士が話すと感情的になってまとまらない話も、代理人が付いたり第三者が仲介することで驚くほど冷静かつスムーズに遺産分割協議が進むことも多いのです。

認知症の問題が相続の大きな壁に

相続の1つの大きな障害として認知症の問題があります。

総務省統計調査によれば、令和5年に後期高齢者とされる75歳以上の人口が、初めて2000万人の大台を超え2005万人となりました。

高齢化に伴って顕著になってきたのが「認知症」の問題です。厚生労働省の発表によれば、全国の認知症患者の数は令和7年には730万人にのぼる可能性があるとしています。

認知症は年齢が高くなるほど多く、80歳以上では半数を超えるとも言われます。社会問題でもある認知症ですが、当然のことながら相続にも大きく影響してきます。

被相続人が認知症になってしまったら、相続にどのような影響が出るでしょうか？　まず考えられるのが、遺言書があったとしても、その有効性、正当性を疑われてしまうことでしょう。

「認知症の親をそそのかして、自分に都合の良いように書かせたに違いない！」

そんな嫌疑を吹っかけられるかもしれません。

遺言書作成にあたっては正常な判断能力があることが大前提です。被相続人が認知症になってしまうと、その判断能力の欠如から、相続人から遺言書の無効を主張される可能性があります。

認知症になる前にどんな手を打つべきか？

認知症になる前にできること、やるべきこととして何があるでしょうか？

①公正証書遺言を作成する

公正証書遺言は、遺言者本人が公証人と面会の上、口頭で遺言の趣旨を伝え、それを公証人が書面にすることによって作成される遺言です。さらに証人2名が立ち会い、遺言が有効に作成されたことを確認するので、公正証書遺言の有効性はほぼ揺るがないものとなります。

②家族信託を利用する

認知症の対策として、今にわかに注目されている方法です。被相続人が相続人である家族との間で家族信託契約を結び、その家族に対し、自分の財産を管理したり処分することを委託するというものです。

詳細は後の事例解説などで触れることになりますが、この信託によって認知症の診断後も資産が凍結されることなく、預金口座からの出入金や不動産の売却までもが可能となります。しかも信託契約で財産の承継先を定めることができるため、遺言がある場合と同様に、被相続人の死亡後に遺産分割協議を行う必要がなくなります。

さまざまな点で、これからの相続対策の1つの柱となり得るのが家族信託だといえるでしょう。

③任意後見制度を利用する

認知症になる前に任意後見契約を締結し、自分が選んだ受任者（任意後見人）に、生活・療養介護・財産管理に関する事務について代理権を与えるものです。

任意後見契約は公証人の作成する公正証書にする必要があります。自らが認知症になってしまった後は、この制度を利用することはできません。その場合には、成年後見人などを選任してもらうよう家庭裁判所に申し立てる必要があります。

④生前贈与をする

生前に財産を贈与してしまえば、たとえ被相続人が認知症になった場合でも、あるいは死亡した場合でも、贈与を受けた人が単独で財産を処分することができます。ただし贈与には贈与税がかかります。控除や特例を調べながらより良い方法で生前贈与することを検討しましょう。

一方、生前贈与では、他に相続人がいる場合の遺留分を侵害するリスクがあることも忘れてはいけません。遺留分侵害が発生する可能性の有無を事前に調べ、その芽を早めに摘むべく意思の確認や相続への意識を共有しておく必要があります。

相続人が認知症の場合は?

一方、相続人が認知症の場合はどうでしょうか?

こちらも相続手続きに支障が出ることは変わりません。遺産分割協議は相続人全員の合意が大前提です。判断能力のない認知症の相続人はそもそも遺産分割協議に参加することができません。そうなると、協議がいつまでたっても成立しないという状況になってしまいます。それを避けるために、家庭裁判所に対して後見開始の審判を申し立て、選任された成年後見人に認知症の相続人に代わって遺産分割協議に参加してもらう必要があります。

①遺言執行者を指定する

相続人に認知症の人がいる場合、遺言書を作成しその中で遺言執行者を指定しておくと相続手続きをスムーズに進めることができます。その際、可能であれば遺言執行者を弁護士など法律の専門家にお願いするのがよいでしょう。相続人の間などでトラブルが起きたときに、より良い対応ができるからです。

②家族信託を利用する

こちらも被相続人のときと同じく、家族信託がお勧めです。家族信託を設定しておくことで、家族の誰かが認知症の相続人の生活費や医療費などを経済的に支援する仕組みを作ることができるのです。認知症の有病率は高齢になるほど高くなっていきます。安心確保の手立てとして、早めに家族信託を組むのもお勧めです。

第1章

不動産相続は一筋縄ではいかない

事例
1

別居している配偶者が亡くなった。不明瞭な財産を相続するかもしれない

ご相談

約10年前から別居し、長らく音信不通であった夫が亡くなったという連絡が入りました。その後、住民税未納の督促状が届きました。正式に離婚していないため、法定相続人となったようです。調べると長年使われていない空き家を所有していた上、もしかしたら借金があるかもしれません。相続人としてどうすればよいでしょうか？

解説

■別居していた配偶者が亡くなり相続人に

このケースは、約10年前から別居して音信不通になっていた夫が死亡したとの連絡が、夫が最後に入居していた施設から相談者である妻に入りました。別居していたとはいえ夫婦であり、離婚もしていなかったことから、相談者は法定相続人となります。

この相続分がプラスの財産ならいいのですが、借金がある場合には「マイナスの財産」となり、それも引き継がなければなりません。そもそもの別居した原因が夫の借金であったた

め、最も危惧されるのが借金の有無でした。また住民税が未納付だったため、その請求書が妻の元に届いていていました。

いろいろと調べた結果、60万円ほどの預金通帳と一戸建て住宅の権利書が出てきました。住居はすでに朽ちかけており空き家となっています。

相続においては、無条件に引き継ぐ「単純承認」、マイナスの財産があったときにプラスの財産を使って弁済する「限定承認」、一切権利を放棄する「相続放棄」があります。今回の事例では、未納付の住民税や固定資産税、さらに施設の最後の入居費の支払いなどがありましたが、現在空き家になっている建物は夫婦の共有名義になっていることもあり、相続放棄をしてしまうと相続人は配偶者の兄弟になるため、他人には相談者は迷惑をかけないようにするためと、将来の不動産の処分などを考え、限定承認を選択しました。

ここで注意したいのは、例外を除いて基本的に相続があったことを知った時から3カ月の熟慮期間のうちに限定承認などの判断を下さなければならないことです。熟慮期間を延長するためには、家庭裁判所の判断が必要となり、手続きがさらに複雑になってしまいます。今回、夫が亡くなってからすぐに検討することができたため、熟慮期間内に限定承認をする決断を下すことができました。結果として、未払いのクレジット清算などもありましたが、不動産を処分することで、多少の余剰金が出ることがわかりました。

次に問題となったのは朽ちかけている建物を解体し、更地として土地を売却しなければならないことでした。今回のケースでは遺産のうち現金が少ないことで、解体費が大きな負担になってしまうことでした。

■特定空家等の認定で出る解体費用の補助金を活用

不動産相続において空き家は頭の痛い問題です。というのは空き家を放置しておくと、デメリットが大きいのです。適切な管理がされず、倒壊の恐れなど、近隣に被害が懸念される空き家を「特定空家等」として指定し、対応を放置すれば固定資産税が最大6倍になる「空家等対策特別措置法」が平成27年に制定されました。さらに令和5年の法改正で、放っておけばいずれ「特定空家等」になりそうな物件を「管理不全空家等」として指定し、改善されなければ住宅用地としての減税措置を解除するということになりました。

このように「特定空家等」「管理不全空家等」に指定されると、大変面倒なことになります。このような空き家に指定される前に取り壊すか修繕するなど、先手先手の対応が求められます。

デメリットばかりの「特定空家等」ですが、指定されて取り壊す場合には補助金が出ます。今回はその補助金の活用を見越して、逆に近隣者に行政に連絡してもらい、特定空家等に指定してもらうことで、解体費用について補助金を獲得することができたのです。
ちなみに各自治体によってその金額は違いますが、今回のケースでは50万円の補助金が出ました。それによって解体費用の約3分の1をまかなうことができました。

【事例提供者】ロイヤルエステート株式会社　米田　穣

Point

相続においては、法定相続人は現金や預貯金、不動産などのプラスの財産だけではなく、負債であっても財産として相続することとなります。誰が相続人になるのか、遺産となる財産はどこに、何があるのか、負債がある場合には借入先などの情報を整理していくことが重要です。事前にできる準備としては戸籍の収集や財産の分析を行うことをお勧めします。特に、推定相続人の中に連絡がつきにくい、あるいは疎遠になっているなどの事情のある方は、早めに対策を立てておく方がいいでしょう。

事例
2

遺言書があっても相続人の間で諍いが勃発。トラブルが発生した場合の対処方法

ご相談

父の死去に伴い公正証書遺言に従って私（長男）と三姉妹で遺産分割をすることになりました。しかし、三姉妹としては不動産評価が適正でないのではという疑念から、遺留分を侵害されているという不信感が芽生えました。係争が長引くと相続税納付や、相続による不動産売却時の譲渡所得の特例にも影響がでます。どのような解決方法があるでしょうか？

解説

■遺言書に不服があれば遺留分侵害額請求をすることが可能

不動産相続で起きる問題の多くは、被相続人が遺言書を作成していないことから起きます。しかし、士業の方などと相談して公正証書遺言を作っているのに、後から相続人によって内容に対する不服申し立てが起こされる場合があります。

公正証書遺言は民法で定められた遺言方式の一つで、公証人が関与して遺言をするため、確実で無効になりにくい方式だとされています。この公正証書遺言を作成後にもめる理由はさ

まざまですが、その一つに「遺留分の侵害」があります。遺留分とは相続人に保証された、相続での最低限の取り分のことです。

遺留分を侵害した遺言書も有効です。例えば、相続人が複数いるなかで、長男が全相続分の半分を手に入れることがあっても構いません。ただし遺留分を侵害しているとして、他の兄弟姉妹などから「遺留分侵害額請求権」を行使される可能性があります。

■遺言書通りだと不動産評価を改めて算定した時に不公平が生まれる

今回のケースでも、実家を含め4つの土地を保有していた父親が亡くなり、公正証書遺言によって、同居していた長男が遺産の2分の1を相続し、残り2分の1を三姉妹で分けることになりました。

不服を申し立てている三姉妹はこの配分割合について不満を持っているのではありません。相続対象の4つの土地は、それぞれに「長男が相続せよ」「次女・三女が相続せよ」「相続人4名で共有の上、売却して相続税を納付せよ」「相続人4名で共有の上、売却して換価分割せよ」というように遺言が指定していました。この遺言によって、当初に決めた「長男2分の1、三姉妹6分の1ずつ」という分け方ができるはずでした。

ただし三姉妹は、不動産を相続するのではなく不動産を売却して得た現金を3等分したいと考えておりました。

しかし、今回の4つの土地は、立地も良い角地で収益性も高く、将来売却した場合も評価が高いものがある一方で、敷地効率が悪く、評価が難しい土地もあります。

こうしたことから、三姉妹は遺言書通りの分け方で、各6分の1の割合が本当に実現するのか疑問が生じたわけです。

■不動産の「時価」については不動産の専門家の助言が必要

そもそも、この遺言は税理士が算定した4つの土地に対する「相続税評価額」をベースに決められました。そのため実際に売却する場合どのような結果になるのかという観点からは算定されていません。

税理士は不動産の相続税評価はできますが、不動産の時価や、特有のリスク・問題を察知することについては専門ではありません。また「どのようにすれば最も高い値で売却できるか？」についてもわからないのです。

今回のケースで、三姉妹に納得してもらうには、相続財産である土地の現在価値を正確に把握しなければなりません。そこで同家の相続問題を担当する弁護士が、不動産の専門家を招聘し、問題解決に臨みました。

専門家はそれぞれの不動産の評価額を算定していきました。すると三姉妹が売却してほしいと思っていた一見評価が高そうな好立地の不動産は、賃借人との定期借家契約があり、残存期間が15年以上残っているため、三姉妹が希望するような金額での売買は難しいと評価された一方、その他の土地においては敷地の越境などさまざまな問題があったにもかかわらず、不動産の専門家がそれらを事前に解決することで、当初予測された売却代金よりも20％以上高い価格で売却できた土地もありました。

このように、実際に売却する場合の時価などについては、不動産の専門家に確認する必要があります。

結果、長男は遺言書通りに相続できたことに満足し、三姉妹も想定していた以上に十分な金銭を受け取ることができました。

遺言書があるからといって、問題なく相続が進むと考えるのは早計です。遺言書にどんな配分が記されていても、遺留分が侵害され、不服がある相続人からは「遺留分侵害額請求権」

遺留分の割合と計算方法

法定相続人	遺留分合計	各自の遺留分		
		配偶者	子ども	父母
配偶者のみ	1/2	1/2	―	―
子どものみ	1/2	―	1/2	―
配偶者と子ども	1/2	1/4	1/4	―
配偶者と父母	1/2	1/3	―	1/6
父母のみ	1/3	―	―	1/3

※子どもおよび父母が複数の場合は頭割りされる

例

相続財産 = 1億円
相 続 人 = 配偶者と子ども2人

<遺留分>

遺留分の総体 1億円× 1/2（遺留分） = 5,000万円

各自の遺留分

妻 5,000万円× 1/2（法定相続分） = 2,500万円
子A 5,000万円× 1/4（法定相続分） = 1,250万円
子B 5,000万円× 1/4（法定相続分） = 1,250万円

を行使される可能性があるわけです。

ちなみに法定相続分とは遺言書が特にない場合の基準となる遺産分割の割合です。遺留分は、遺言書で定められた分割割合にかかわらず、相続において最低限請求できる取得分です。

こちらを表にまとめてみました。


【事例提供者】株式会社コーズウェイ　長谷部　裕樹

Point

被相続人が遺言書によって分割方法を指定したとしても、時価評価や、不動産特有のリスクによって、意図したとおりの分割が実現できているとは限りません。不動産の専門家による調査により、不動産評価額が変わる可能性もあるため、公正証書遺言であったとしても、不動産評価には専門家の知見が必要です。

事例 3

遺言書で財産を「遺贈」する場合は、税金のことを十分に考慮する

ご相談

長年介護してきた高齢で年上の従兄弟が、私たち夫婦に不動産と金融資産を遺贈する旨の公正証書遺言を残して亡くなりました。この不動産を売却しようと考え、不動産会社に相談したところ、「この遺言書では、包括遺贈、特定遺贈のどちらになるか解釈が難しい。特定遺贈となれば『空き家特例控除』を受けられず、不動産取得税がかかります」とのこと。どういうことでしょうか?

解 説

■遺贈は法定相続人でない者に財産を引き継がせること

遺贈とは、遺言により特定の誰かに財産を引き継がせることです。引き継いでもらう相手に制限はありません。また、個人だけではなくて法人や団体に引き継いでもらうことも可能です。

今回のケースのように法定相続人（民法で定められた相続人）ではない従兄弟夫婦に財産を残したい、ということもあるでしょう。ただし、この場合は正式には「相続」ではなく「遺

贈」と表現することに注意が必要です。法定相続人以外の人物に遺言書で「相続させる」と記しても無効となる可能性がありますので、「遺贈する」と明確に記すことが必要です。

今回のケースでは、相談者の従兄弟である遺贈者（遺産を贈与する被相続人）は、相談者夫婦（受遺者）以外には身寄りがなく、相談者夫婦がずっと介護をしてきました。そこで遺贈者は遺言書を作り、その内容についても、相談者夫婦に知らせていました。

その内容は、遺贈者が住んでいた住居および土地と、株などの金融資産の合計約1億円以上の財産を受遺者に遺贈するというものでした。相談者と奥さんに半分ずつ均等に分けて贈るとしていたのです。

■遺言書の解釈次第で控除が受けられなくなる!?

相談者夫婦は、すでに住居を持っているので、遺贈者が住んでいた住居は売却しようと考え、不動産相続の専門家に相談を持ちかけました。

そこで不動産相続の専門家が遺言書の内容を提携している税理士に確認したところ、「この内容だと空き家特例の適用を受けられないかもしれない」とのことでした。遺言書では「包括遺贈」なのか「特定遺贈」なのかがはっきりせず、もし税務署から「特定遺贈」と判断されると空き家特例が受けられなくなるというのです。

空き家の譲渡所得3000万円特別控除、いわゆる空き家特例控除は、相続または遺贈により取得した空き家について、一定の耐震基準を満たした上で譲渡した場合や、譲渡後、翌年2月15日までの間に耐震改修もしくは取り壊しをした場合に3000万円の譲渡所得の控除を受けられるというものです（相続人等が3人以上いる場合は、控除額の上限が3000万円から2000万円に減額）。この特例は、適用期限が令和9年12月31日までの措置となり、さまざまな適用条件があるため、必ず専門家の判断が必要となります。

■包括遺贈と特定遺贈で支払う税額が変わる

包括遺贈とは「全財産をXに」「財産の3分の1をYに」など、財産の内容を個別に特定せずに分割割合を示す方法です。これに対して特定遺贈は「現金500万円をAに」「神奈川県横浜市の土地をBに」というように、財産を特定して遺贈する方法です。

注意しなければならないのは包括遺贈と特定遺贈では支払う税額が変わるということです。法定相続人以外の人が特定遺贈で不動産を遺贈された場合には不動産取得税がかかりますが、包括遺贈では非課税となります。

包括遺贈と特定遺贈の主な違い

	包括遺贈	特定遺贈
概要	割合だけを指定する遺贈	特定の財産を指定した遺贈
受遺者の権利	相続人と同じ権利	特定の財産のみ
遺産分割協議	参加する権限がある	参加する権限がない
不動産取得税	非課税	課税
マイナスの財産	引き継ぐ必要がある	引き継ぐ必要がない
遺贈の放棄	遺贈を知った日から3カ月以内に家庭裁判所に申請	相続人へ放棄の意思表示のみで、いつでもできる

相談者の従兄弟の遺言書は、細かく丁寧に資産の内容が書かれていました。そして「不動産をそれぞれ2分の1ずつ均等に、その他の金融資産や動産も2分の1ずつ」といった記述がされていたのです。そのためまとめて解釈すれば、包括的に遺贈していると読み取れるのですが、見ようによっては財産を特定して遺贈すると解釈される余地が残っていました。

もし空き家特例控除が受

けられないと、多額の譲渡所得税を負担しなくてはなりません。また相談者夫婦は亡くなった方の一親等の血族および配偶者以外であるため、相続税額が2割加算されます。

そこで相談を受けた不動産相続の専門家が公証人を訪ねたところ、その人は「おそらく包括遺贈になるだろう」という返事でした。しかし別の弁護士や司法書士に確認をすると「特定遺贈になる」とのことでした。専門家の意見も割れてしまったので、不動産相続の専門家は遺贈される予定の不動産がある県の県税事務所に問い合わせてみると、包括遺贈だという回答を得ることができました。このことから1人3000万円、合わせて6000万円分の控除を受けることができ、大幅に税負担を減らした状態で売却できたのです。

【事例提供者】小田急不動産株式会社　岡田　善幸

Point

公正証書遺言であっても、必ずしも公証人が税務に詳しいわけではないので、税務上の問題が発生する可能性があります。包括遺贈と特定遺贈では税金が大きく異なるため、不動産を遺贈する場合は、税理士や不動産会社などの専門家に相談し、税務上の問題がないか確認してから遺言書を作成することが重要です。

事例
4

遺言信託にはメリットとデメリットがあり、理解した上で現状に合った相続手続きを

ご相談

金融機関の遺言信託サービスの利用を検討していますが、自分の保有資産から見た場合、サービス利用料がかなり割高に感じます。そこで進めていた話を白紙に戻して再考しようかと。自身の相続を考えた場合、他にどのような備え方があるのでしょうか?

解説

■金融機関の遺言信託サービスを利用していたが……

遺言信託サービスは、信託銀行などが遺言書作成のアドバイスから、遺言書の保管、遺言の執行まで相続に関する手続きを引き受け、サポートするサービスで、資産が多種類に及ぶ場合などに利用されます。

金融機関が遺言者（この場合であれば相談者）の遺言書保管者兼遺言執行者となり、相続人に対して、遺産目録の作成や遺産分割、相続税納付などに関するアドバイスを行います。遺

言信託サービスで作成される遺言の形式は、大抵の場合、公正証書遺言となります。

遺言執行者を指定しておくと、相続人の代わりに遺言を執行するのでスムーズな執行が実現します。また、相続人にとっても自分たちで名義変更などをする手間が省けます。遺言信託サービスを利用すると金融のプロが財産の運用・管理のアドバイスをしてくれるので安心だという面もあるでしょう。

特に「自分の死後に財産の移転を行い、そこから得られる収益の一部を特定の人物に月々振り込んでほしい」といった希望がある場合などは、親族などに託すよりも、信託銀行などの第三者機関に依頼する方が安心といえるかもしれません。

しかし一方で、資産の種類、量もそれほど多くなく、ほとんど不動産という場合や、死後に継続的な振り込みなど特別な要件がなければ、不動産相続の専門家に窓口になってもらう方法もあります。不動産相続の専門家であれば、弁護士、税理士、司法書士などの専門家とのネットワークも豊富なので、あらゆる問題に的確に対応できます。

相談者は遺言信託サービスの利用価格に不満を抱いていました。一般的に数百万円かかることが多いといわれており、相談者も自身の資産と比べてもそれだけの価値があるのかと考えるようになったのです。

■不動産相続の専門家に依頼し、低コストで遺言作成

相談者は、いったん遺言信託サービスの利用を白紙に戻し、相談に来られました。

そこで、まず遺言信託サービスの利用時に途中となっていた遺言書をひな形にして、これを公正証書遺言にしていくプロセスでサポートをしていきました。

遺言書は作成者本人の都合で「自筆証書遺言」「秘密証書遺言」「公正証書遺言」のいずれかから選べます。この中で相談者が作成した公正証書遺言は、公証役場に依頼し、口頭で伝えた趣旨を元に公証人に作成してもらう遺言書です。作成された書面の内容を、担当の公証人が読み上げ、遺言者本人と証人2名で確認します。そして全員で署名捺印し、公証役場で保管します。公正証書遺言を作成するデメリットとしては、公証役場の手数料の他、弁護士や司法書士などの専門家に報酬を支払う必要が生じることでしょう。しかしほとんどの場合、遺言信託サービスを利用するよりは割安になるはずです。

相談者の場合、推定相続人は長女と次女の2人でした。資産は自宅の土地家屋と、別の場所にあるアパート、そして預貯金です。最終的に自宅土地家屋は次女、アパートは長女という分割方法を選択し、家族間での了承が得られました。

遺言書作成中、アパートはまだ建て直したばかりですが、自宅土地家屋は老朽化していることから、場合によっては、資産価値としては不公平な分け方になる可能性があることを指摘しました。そこで、相続が発生した段階で、それぞれの資産価値を精査し、公平さに欠ける結果となった場合には、被相続人（相談者）の預貯金で調整するということにしたのです。また、相続が発生した際は、必要以上の相続税を納めないためにも相続税評価額の再計算を税理士に依頼すべきという提案もさせていただきました。

遺言信託にはメリットとデメリットがあります。これらを踏まえた上で現状を考慮し、自分がどのような形での相続手続きを進めていくかを検討する必要があります。

【事例提供者】小田急不動産株式会社　鈴江　博之

Point

遺言を残す方法はさまざまであり、最初から1つの方法にこだわらず、それぞれのメリット・デメリットを考慮して決めることが肝心です。上手に遺言書を作成していくには、相続人と適切なコミュニケーションを取ることはもちろん、相続に詳しい各分野の専門家の意見を聞いていくことが肝要です。

事例 5

一度確定した遺産分割協議でも、より節税になる方法があればやり直すことはできる

ご相談

認知症だった母の住まいについて、母の死後、3人の子どもで話し合い、遺産分割協議書を作成しました。相続登記もして協議書通り母の住まいを売却、子ども間で売却益を分け合いました。しかしその後もっと税負担の少ない方法があると知り、遺産分割協議からやり直したいと思うのですが、これは可能でしょうか?

解説

■相続登記後の遺産分割協議のやり直しは可能か?

遺産分割協議とは相続財産の分け方を、相続人全員で話し合って決める場のことです。被相続人の遺言書などが残されていない場合に行われます。遺産分割協議で全員が合意できなかった場合は、家庭裁判所で遺産分割を行います。分割方法には、遺産すべてを売却して現金に換え分割する「換価分割」や、不動産などの遺産を1人もしくは数人が取得、その取得者が他の相続人に相続分を金銭などで支払う「代償分割」などがあります。

遺産分割協議で全員が合意した内容は「遺産分割協議書」に実印を押印した上で記録され、法的効力を持ちます。「遺産分割協議書」には誰が、どの財産を、どれだけ取得するかが明確にされ、不動産の表示は、所在地や面積など、登記簿の通りに記載しておきます。

結論からいえば、相続人全員が合意すれば、遺産分割協議のやり直し自体は可能です。やり直すのに時効はありませんので、いつでも再協議できます。

しかし金銭的に負担の少ない方法を取るために、遺産分割協議のやり直しをしたいという場合は、「二重課税」となるリスクを考慮して進める必要があります。

■相続で所得が増えると、国民健康保険料支払額も増える

この相談者のケースでいうと、最初の協議では「亡くなった母の家を、長女、次女、長男の3人のうち長女、次女で共有して売却し、売却代金を2人で分ける」という方法が取られました。しかし、それを「会社員をしている長男が1人で相続し、長女、次女に代償金を支払う」という方法に替えたいと希望するに至ったのです。

最初のやり方だと長女と次女が共有で相続したため、売却益に対して両者とも譲渡所得が発生し、国民健康保険料が年間最大82万円ずつ、合計164万円も増額する可能性があった

のです。母の家を売却することで約１８００万円の利益が出ました。共有名義にしているので、売却して翌年3月15日までに１人９００万円ずつの譲渡所得があったと申告する必要があります。そのため国民健康保険に加入している長女、次女は保険料が大幅に増額してしまうのです。このように、相続においては所得が増えることにより国民健康保険料額に大きく影響することを念頭に置かなければなりません。

■やり直すことで贈与税など負担がさらに増大する可能性が

しかし相続登記後、長男が相続後に代償分割する方法に変更しようとしても、最初に実行した方法で母の不動産はすでに長女、次女が所有しています。新たに長男が相続する場合は、税法上長男に対して新たに売買した、あるいは贈与したとみなされ、長女、次女への所得税や、場合によっては長男への贈与税がかかってしまう可能性があります。長男に余計な負担をさせるわけにはいかないので、長男に贈与税が課税された場合は、長女、次女が負担することになるでしょう。つまり長女、次女は、相続税のみならず、所得税や肩代わり分の贈与税も支払うことになりかねません。このように「民法上」は遺産分割協議のやり直しは可能ですが（ただし、すでに長女や次女が第三者に対して不動産を売却し、その登記も済んでいる場合には、第三者から不動産の所有権を取り戻すことはできませんので、元通りにすることはできなくなります）、多くの場合、税法上でみれば現実的ではないのです。

新たな負担が発生することがわかり、相談者は諦めざるを得ませんでした。

■相続登記の前であれば節税が可能だった

もし相続登記をする前に、最初の遺産分割協議で、会社員をしている長男が1人で相続して、長女、次女に代償分割して支払うことにしていればどうなっていたでしょうか。

長男は会社員のため、社会保険の加入者であり、健康保険の保険料は、月給を基準とした「標準報酬月額」で決められています。彼が相続した不動産を売却して譲渡所得があったとしても、その所得は給与とは関係のない所得となるため、健康保険料に影響しません。それだけで1人約80万円、合計約160万円もの負担が減り、しかも今回のケースでの不動産は、相続税がかからないので、長男自身の負担もそれほど多くないわけです。

また、こんな方法もあります。母親の不動産を共有していた長女と次女どちらか1人が相続する形にします。そうすれば後で保険料負担を分け合うにしても、1人分の保険料上昇分、最大82万円だけで済んだはずです。

今回の相談者は、ある意味「最悪の選択」をしてしまったといっても過言ではありません。相談者によると最初の遺産分割協議の際に協力した専門家は、他の方法については、一切説明がなかったとのことです。専門家といっても不動産相続全般について詳しいかどうかはわかりません。人によっては民法についてのみ詳しい、あるいは税制、その他の法律についてだけというように、それぞれの経験によって得意分野が違ってくる可能性は高いのです。

ただ相続について詳しい「不動産相続の専門家」であれば、さまざまな顧客の案件を扱う中で、一番良い方法を提案する確率は高くなるでしょう。やはり「不動産相続の専門家」を総合的な窓口にして、交渉や手続きに当たる方が賢明だといえるでしょう。

【事例提供者】ウエストエリア株式会社　大村　武司

Point

相続登記後の遺産分割協議のやり直しは、民法上は可能です。ただし、金銭的な負担を軽減する目的であるなら、事実上は不可能だと考えるべき。それだけに、相続登記前にどの相続方法がベストかを検討することが重要です。相談するなら特に不動産相続全体の知識、経験が豊富な専門家を探すべきでしょう。

ある日突然「見知らぬ土地の相続人」になった。それが「負動産」だった場合の対処法

ご相談

60代女性です。ある日法務局から、長期間相続登記がされていない土地の相続人であるという通知が届きました。「寝耳に水」の話でしたが、間違いなく自分は地方の一部の山林を受け継いでいることがわかりました。すぐに専門家に相談して相続放棄をしようとしたのですが、「相続放棄はできない」と。本当に何か方法はないのでしょうか？

解説

■相続登記の義務化で土地所有者をはっきりさせる

ある日突然「あなたはこの土地の相続人です」という知らせが送られてくる……。こういう事例は、今後増えてくるでしょう。

令和6年4月1日から、相続登記が義務化されました。相続（遺言も含む）によって不動産を取得した相続人は、その所有権の取得を知った日から3年以内に相続登記の申請をしなければなりません。また遺産分割によって不動産を取得した相続人は、遺産分割が成立した

日から3年以内に、相続登記をしなければなりません。なお、令和6年4月1日より以前に相続が開始している場合も、3年の猶予期間がありますが、義務化の対象となります。正当な理由なく義務に違反した場合は10万円以下の過料の適用対象となります。

■「寝耳に水」の知らせが来る可能性がある

今回の相談者の場合もまさに「寝耳に水」の話でした。血縁のない、存在は知っているものの、ほとんど会ったこともない縁者の不動産の相続人だと知らされたからです。被相続人は、相談者の父方の祖母の再婚相手でした。相談者の父は、自分の母（祖母）が最初の夫（実の祖父）と死別してすぐに被相続人と再婚したため、その時点で相談者の父は「継子男」（いわゆる連れ子）となり、再婚相手である被相続人とは「継親子関係」となりました。

現在の新民法では、養子縁組をしていない継子には相続権はありません。しかし、旧民法では相続権は認められていました。現行法下なら相談者に登記をする必要はないのに、相続登記を促す通知がきてしまったのは、相談者の祖母が昭和20年（1945年）に死亡していたからです。そのためその時点では旧民法の適用内《1898年（明治31年）7月16日から1947年（昭和22年）5月2日》であったため、相談者の父も「継子男」でありながら被

相談者の家系図

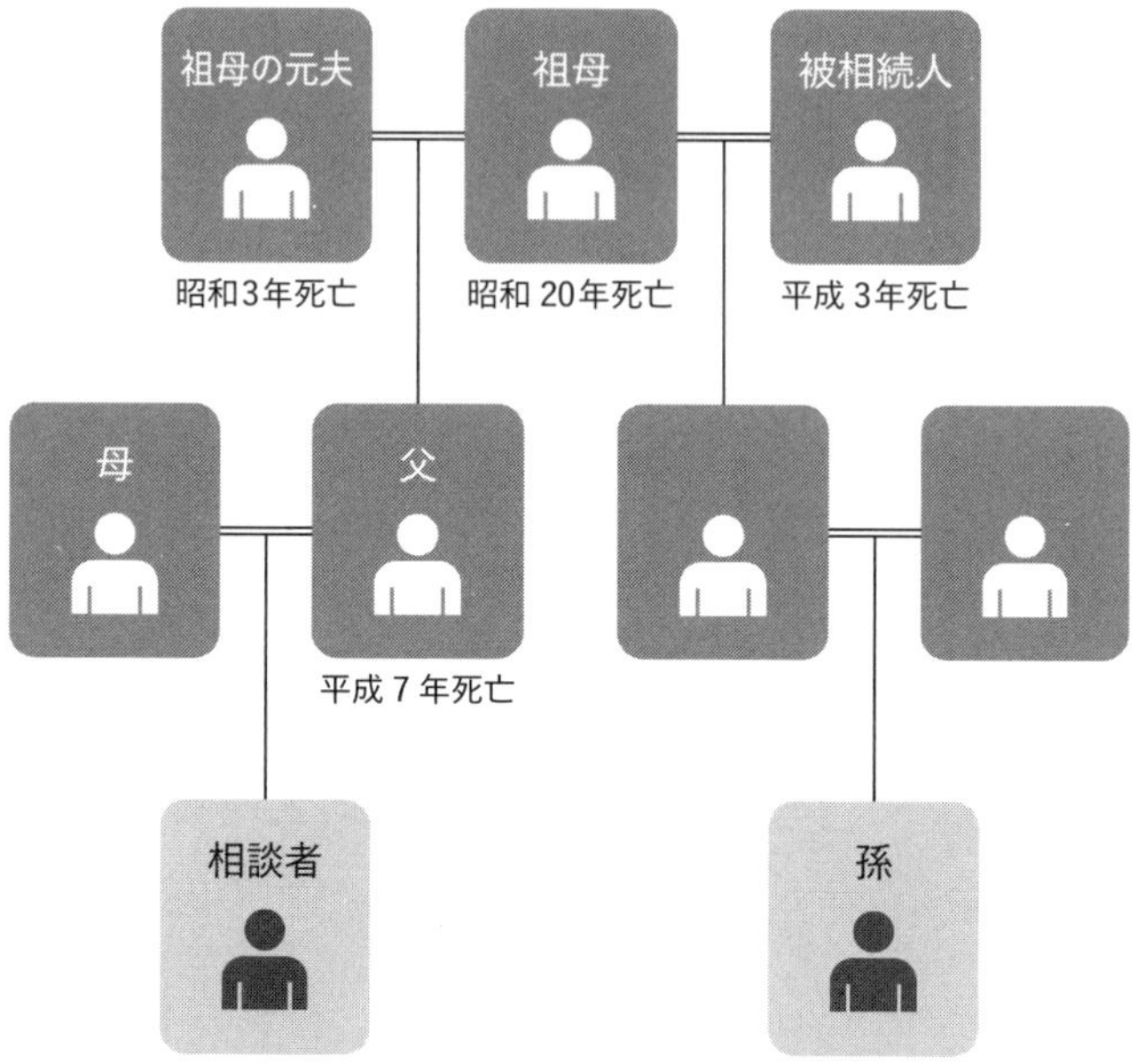

相続人の所有不動産を受け継ぐ立場になったわけです。

もし相談者の父のような複雑な親子関係でなくとも、祖父や父などの前世代が相続登記をしないままにしている土地があり、それが伝わっていなければ、今回のようなことは、今後も増え続けることになるでしょう。

その土地は、山深い地方の原野でした。多額の固定資産税がかかる見込みはありませんでしたが、相談者は後の世代のかせになってはいけないと思い、相続放棄を考えました。

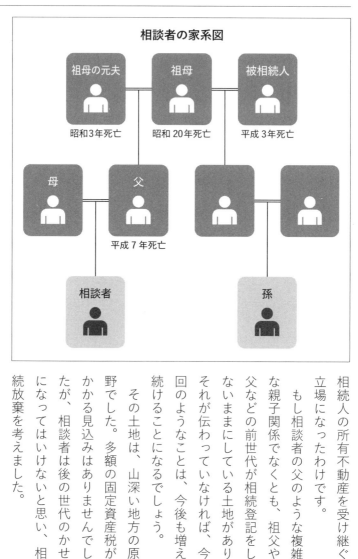

■相続放棄を考えたが、どの専門家からも「できない」と否定された

今回のようないわゆる負の遺産は、相続放棄をすることが一般的です。ただし、相続放棄の手続き期限は、被相続人が亡くなり相続人となったことを知った日から3カ月以内となっています。この期間を「熟慮期間」といいます。相続放棄をする場合は、被相続人の最後の住所地を管轄する家庭裁判所に必要書類を提出して申述しなくてはなりません。

ところが専門家に相談したところ「熟慮期間が経過しているので相続放棄はできない」と言われました。その後何人かの専門家を訪ね、相談しましたが返事は同じでした。

しかし、最後に相談した不動産相続の専門家により、本件は「再転相続」の事案で、かつ被相続人に負の遺産があることを父も相談者も知り得なかった事案なので、相続放棄できる可能性があるということがわかったのです。「再転相続」とは、1回目の相続の熟慮期間内に、最初の相続人が相続放棄や単純承認をする前に死亡してしまい、次の相続人による2回目の相続が発生したケースを指します。今回のケースでいうと相談者が「再転相続人」となり、祖母の再婚相手の相続を放棄するようにしたのです。

ここでポイントになるのは、相続放棄は原則として相続の開始があったことを知った時か

ら3カ月以内に行わなければならないものの、例外的に、相続人が相続財産の存在を認識した時または通常であれば認識し得た時から3カ月以内であれば相続放棄が認められる場合があるという点です。今回は、父も相談者も被相続人の遺産について知る余地がなかったため、この例外が適用される可能性がありました。不動産相続の専門家は、相続放棄が得意な司法書士事務所を相談者に紹介し、相続放棄の手続を行ってもらいました。その結果、例外の適用が認められ、無事に相続放棄の手続を終えることができました。

再転相続の場合や法定の熟慮期間が経過している場合の相続放棄については、不動産相続や相続放棄に詳しい専門家でないとわからないケースが多いので、相談先を探す場合もそのことを念頭に置くとよいでしょう。

【事例提供者】ウエストエリア株式会社　大村　武司

Point

不動産相続の問題解決では、解決したい問題を明確にし、その分野に詳しく経験も豊富なエキスパートを探す必要があります。今回のケースでいえば「相続放棄」ということになります。すぐにはそうしたエキスパートを見つけるのは難しいかもしれませんが、人脈豊富な不動産相続の専門家などに客観的な判断をしてもらうとよいでしょう。

事例
7

父の遺産相続で「異母兄」の存在が浮上。遺言書がない場合の遺産分割協議の留意点

ご相談

10年間音信不通だった父親が孤独死しました。父は遺言は残さず「エンディングノート」を書いていました。そこには遺産はすべて私に譲ると書いてありましたが、専門家から「エンディングノートに書いてあっても法的効力はない」と言われました。父には前妻がいて、その人との間に息子がいます。遺産分割協議ではどんなことに注意すればいいですか？

解説

■エンディングノートはアイデアを書き留めるツール

「エンディングノート」に書いてあることは、自筆証書遺言の要件を満たさない限り、法的効力はありません。「エンディングノート」は自分の過去を振り返り、財産などについての分け方のアイデアを書き留めるツールとして考えてください。従って、自分の意思を明確に伝え法的な実効性を持たせたい場合は、公正証書遺言などを作成するようにします。

また、前妻の子どもを無視することはできません。万が一、故意に無視して相続を行って

しまうと、後で遺留分侵害額請求を起こされることになりかねません。

遺言書がない場合、相続人全員の合意を取り付けるための「遺産分割協議」が必要となります。協議で合意した内容を書面に残して遺産分割協議書を作成します。これには相続人全員が署名し、実印を押印して全員が1通ずつ所持します。協議書を作成しないで口頭で合意することもできますが、後々のトラブルを避けるためにも協議書は作成しておきましょう。

協議書は相続人自身が作成することもできますが、トラブル防止のため、弁護士、司法書士、行政書士などの専門家に依頼するのがベターです。ただし、遺産分割協議の交渉や遺産分割の調停などに関しては弁護士しか代理人にはなれません。

遺産分割協議書の作成に期限はありませんが、相続税の申告・納付期限は、相続開始を知った日の翌日から10カ月以内なので、協議は早めに開始することが肝心です。

■時効となった要求も切り捨てずに交渉、遺産分割協議書で合意

相談者は弁護士の代理人を立てず、直接、面識のない異母兄と交渉をすることになりました。ここで問題となったのは、異母兄の言い分として、父は離婚後養育費をほとんど払っていなかったとして、法定相続分プラス未払いの養育費も要求してきたことでした。

改正民法で債権の消滅時効期間が、債権者が権利を行使できることを知った時から5年間、権利を行使できる時から10年間になりました。異母兄が成人してから10年以上が過ぎていたため、異母兄の養育費分の要求は「時効」となっていました。

しかし、相談者は「養育費は時効」といきなりつっぱねてしまうと、遺産分割協議書に捺印しない可能性もあると考え、粘り強く異母兄本人が養育費の要求を引っ込めてくれるようお願いしたといいます。これは正解です。たとえ法的には正しいことでも、一方的にそれを伝えることで心証をひどく悪化させることは避けたいところです。

その後、交渉が成立し、父が遺したマンションを換価分割するだけで済むことになりました。誠実で粘り強い交渉が実を結んだといえるでしょう。

■離婚歴のある親の相続は前配偶者との間の子どもに注意を

この事例からいえるのは、やはり自分の親に離婚歴がある人は、前の配偶者との間に子どもがいるかどうかを確認しておくべきです。例えば、今回のケースだと前妻には相続権はありませんが、実子がいる場合は、どれだけ時間が過ぎようとも相続権があります。たとえその子どもと一度も会っていない、という事情があっても変わりません。

また離婚歴がある本人も、前妻との間に子どもがいる場合はそれも考慮した上で、エンディングノートや口頭で伝えるのではなく、遺言書をきちんと作成して、親族全員が納得できる形を整えることが大切です。

今回のケースでは、相談者の父親はマンションの一室で孤独死した状態で発見されました。こうした場合、特殊清掃が必要になることが多く、物件の価値も下がり、売却にも時間がかかることがあります。今回は相談を受けた不動産事業者が買い取ることになりましたが、できれば孤独死のような状態にならないよう、家族間でのケアが大切です。

【事例提供者】ウエストエリア株式会社　大村　武司

Point

再婚をしている場合、前妻に相続権はありません。しかし、前妻との間にできた子どもは、相談者と同じ権利を有する第1順位の相続人です。遺言書がない場合は、相続人全員で遺産分割協議を行い、全員の合意を得なければなりません。エンディングノートにいくら被相続人が希望を書き記していても法的効力はないので、「エンディングノートは気持ちの整理」のためのツールと心得ましょう。

第2章

不動産が絡むと相続は「争族」になりやすい

事例
8

借入金の上手な組み合わせによって相続税をゼロに近づけることもできる

ご相談

夫から引き継いだ農地とアパート2棟などの資産があります。敷地内の土地に住む長女と次女にはそれぞれ自宅のある土地を、それ以外は跡継ぎとなる長男に譲りたいのですが、長女と次女は不服を訴えます。さらには広い土地にかかる相続税を支払う金銭的余裕がありません。どのように資産を継承するのが最適なのでしょうか?

解説

■もしも遺留分侵害額請求をされてしまったら

相談者は亡くなったご主人から不動産を相続した81歳の母親です。この方には60歳前後の長女と次女、そしてちょっと離れて50代半ばの末っ子である長男の3人のお子さんがいます。資産は広い市街化農地と昭和50年代に建てられたアパート2棟、そして自宅。市街化農地は、農地をそのまま宅地にするためには造成工事が必要となるため、評価額としては工事費を差し引くことが前提となっています。とはいえ、このケースではそれなりの面積があるので約

9000万円相当となりました。

また長女、次女がそれぞれ暮らす家の土地も母が現在所有しているものです。事前のROA診断（事例17参照）において、金融資産は2000万円程度ということがわかっています。

これらの財産から逆算すると、相続税はおよそ7000万円前後。手元の金融資産をすべて相続税の支払いに充てても、5000万円が不足しています。つまり、ある程度の土地を売却しないと相続税が支払えないわけです。しかし先祖から引き継いできた土地ですから売却したくはありません。

母親の望みは、跡継ぎである長男にほぼ全部の不動産を譲り、長女と次女には自宅のある土地だけを譲渡するというものでした。その内容を遺言書に残していました。しかし、この分配に長女と次女は不公平感を抱いたのです。姉たちは、均等に分配しなければ遺留分侵害額請求（事例2参照）をすると言い出しました。この場合は被相続人が母親で、遺留分を侵害された権利者として、本来財産をもらうべきだった姉妹2人が長男に対して請求するということです。

ここでの1つのポイントは、「遺留分侵害額の支払いは原則として金銭で行われなければならない」と決められている点です。土地を相続すると多額の相続税を支払う必要が生じますので、2000万円の金融資産だけでは相続税を支払うことができません。その上でさらに、遺留分権利者の姉たちに支払う現金をつくるとなれば、資産を売却して現金化しないと解決しないのです。

■借入金と不動産投資で相続税対策を

このように、相続税の支払いに加えて遺留分侵害額請求の対応もしなければなりませんでしたが、これらの解決策は市街化農地を売却することでした。広い土地ゆえに多くの住宅メーカーからアパート建設の営業が山のように寄せられていました。

相続税を減らすための方法として、借り入れによる不動産投資があります。相続税は、所有している全資産から借入金などの債務を引いたもの（正味資産）に対してかかります。1億円の借り入れを行った場合、現金が1億円増える一方で借入金も1億円増えるため、正味資産に変動は生じません。その後、借り入れた1億円で賃貸建物などを建てると、その相続評価は、不動産独自の評価方法から実際の建築費のおおむね半分くらいになることが多いといえます。これにより、正味資産を減らすことができるため、相続税額は減少するのです。

もちろん、借り入れを増やすことにはリスクもあります。母親は借り入れに対しては慎重でした。仮に市街化農地にアパートを新築した場合、保有している2棟の古いアパートを今後どうするか？　建て替えるか？　売却するか？　建て替えるとなれば、さらに大きな借り入れになります。2棟のアパートの敷地はともに整形地の角地です。先々を考えれば、市街化農地を売却し、土地の価値も高く、活用の選択肢が広い2棟のアパートを残した方が賢明と提案しました。

こうした不動産投資のテクニックと将来を見据え、このケースでは市街化農地の不動産を売却し、以前から所有していたアパート2棟については売却した資金の一部と借入金によって建て替えしました。これによって正味財産を減らすことができたため、実質4500万円の減税が可能になりました。また、残った所有地にさらに新規でアパートを建設することになっており、借入金の増額で相続税を限りなくゼロに近づけることも可能となりました。

なお、遺留分侵害額請求の件は、売却する市街化農地の一部を残し、姉たちに遺留分侵害額と同額の評価の不動産を譲ることによって、解決することができました。また、建て替えた新しいアパートも満室の経営ができることとなり、売却した資金を頭金にしたことで借入金のローンの支払いもゆとりがあり、高齢の女性が十分に暮らせる程度の家賃収入を確保することもできました。

相続税対策にはいろいろな方法があります。今回の例のようにアパートなどを借り入れして建築することには、相続税評価を大幅に下げる効果があります。逆に、すべての不動産を残そうとすると借り入れが大きくなる分、相続後のリスクも大きくなります。

もちろん所有する不動産やそれ以外の財産の規模・バランスによって、適切な相続税対策は異なってきます。重要なのは、こうした相談を誰に頼むか。相続人はもちろん住宅メーカーや税理士も、目先の現金化についとらわれがちです。しかし、その資産を子や孫の世代までどういう形で引き継いでいくか。そこまでの展望を持たなければ、将来思わぬ損失を生む可能性があります。信頼できるコンサルタントに意見を聞くことはとても重要なのです。

【事例提供者】株式会社K-コンサルティング　大澤　健司

Point

不動産の売却と不動産投資、借り入れをうまく組み合わせることによって、相続税の対象となる正味資産を減少させることができます。組み合わせ方によっては相続税がゼロになることも。目先のお金にとらわれず、次世代につながる上手な投資の仕方を見つけることが節税対策にもなります。

事例
9
兄弟など相続人同士の関係が悪いと、不動産相続の問題点がさらに複雑になる

ご相談

父親から相続した不動産を売却したいが、移転登記をしておらず父親名義のままとなっていました。名義を自分（長男）のものに書き換えたいのですが、遺産分割協議をしようにも、他の4人の兄弟のうち不仲の次男や失踪した三男がいます。どうしたらいいのでしょうか？

解説

■不動産の共有は問題の先送りでしかない

今回の相談者（70歳代）は5人兄弟の長男で、数年前に父親が亡くなり、その時に相続した不動産を売却しようとしました。ところが移転登記をしていなかったので、登記簿上は父親名義のままとなっていました。

具体的な遺産分割協議を行った形跡もなく、とりあえず5人の共有ということになっていました。共有とは「家や土地を分割せずに、相続人全員の共有名義にして共有財産として持

つ」ことです。不動産の共有は分割の合意が取れないときなどに用いられることがありますが、安易に選択すると、のちのち禍根を残す可能性があります。

共有不動産は共有した人が全員合意しないと、売買や賃貸などの活用ができません。共有者の1人が土地を売りたいと思っても、他の全員が同意しなければ、売ることができないのです。今回のケースでも、父親の土地を共有した5人兄弟のうち、次男と三男の同意が取れる見込みがなく、このままでは相談者が土地を売却することはできません。

■共有問題の解決は難易度が高い話し合いが必要

法定相続により共有状態となった不動産を売却する場合、共有者全員の同意を得たうえで、共有名義のまま売ることもできますが、手続きが煩雑になるので、通常は共有者の中から売却手続きを進める代表を選任し、その人へ名義を集中させます。

共有者が同意をしてくれればよいのですが、1人でも難色を示すと話はまとまらなくなります。話がまとまらない理由は大きく分けると2つあります。1つは金銭面での条件が折り合わない場合。もう1つは互いの感情的なもつれやしこりがあってうまくいかない場合です。

条件面での対立であれば、妥協点を見つけることはそれほど難しいことではありません。例えば、権利を放棄する代わりに、「判付料（ハンコ料）」といった名目のお金を渡して納得してもらうのも1つの方法です。遺産分割協議では、最終的に遺産分割協議書を作成することになりますが、その際、他の相続人に印鑑証明を取ってもらうなど、いろいろ手間がかかります。また、協議をお願いする側として判をもらう代わりに謝礼のようなものを渡す。これも協議を円滑に進めるための1つの方法として覚えておいて欲しいと思います。

しかし、感情の絡んだ問題になるとやっかいです。お互いに積年の感情がありますから、条件面での妥協はもちろん、話し合いにさえ応じてくれないということもあるのです。

長男と次男は2人とも飲食店を経営しているのですが、長男の方が繁盛していて、それが次男の感情のもつれとなり、2人が不仲になっているのでした。こうなると、当事者同士の話し合いは不可能です。私たちが出向いても、次男は非協力的な態度を崩しませんでした。

当事者同士の話し合いが難しい場合は、難色を示している人と日常的なやり取りをしている第三者を見つけることが解決の糸口になることがあります。その人に間に入ってもらうことで、お互いの利害調整をしてもらうのです。今回のケースでは、幸運なことに相談者の息子（30代）が昔から次男に可愛がられていて、今でも交流があることがわかりました。

息子（次男にとっては甥）を窓口にし、何度か話し合いを試みたことで次男の態度が軟化し、最終的には協力してもらえることになりました。

■相続人が行方不明の場合に取れる解決策は2つ

もう1つの問題は三男が失踪してしまい、連絡がつかないというものです。当然ですが、三男の同意がなければ、共有を解消することはできません。

このような場合、2つの解決策があります。

1つは「失踪宣告」を申告することです。失踪して7年以上経ち、それでも行方がわからない場合は失踪宣告を申請することができます。これが認められれば失踪者は法的には死亡と見なされます。今回のケースでは三男が失踪してすでに7年以上経過していました。つまり失踪宣告によって相続の対象ではなくなるわけです。

もう1つは失踪宣告をせず「不在者財産管理人」を置く方法です。不在者財産管理人は行方がわからず連絡も取れない者に代わり、不在者の財産を管理したり遺産分割協議などに参加することができます。

今回のケースでは三男の奥さんは失踪宣告をして夫の死亡を確定することに強い抵抗がありました。そこで不在者財産管理人を置くことで遺産分割協議を行い、最終的には三男の共有部分を相談者の名義とすることができ、土地の売却が可能になったのです。

ここで「不在者財産管理人」について補足しておきましょう。その役割は、不在者に代わって本人の財産の管理を行うことであり、必要に応じて家庭裁判所の許可を得た上で、次のような行為を行うことがあります。

1. 不在者に代わって遺産分割協議を行う
2. 不在者名義の不動産を改築・解体する
3. 不在者が借りたアパートなどを解約する
4. 不在者の持っている債権を回収する

不在者財産管理人は、不在となった人の配偶者や親、相続人や債権者など利害関係のある人による申し立てによって、家庭裁判所が選任します。その際、選ばれるのは利害関係のない親族か、あるいは弁護士や税理士、司法書士などの法律の専門家が選ばれるのが一般的です。

■共有による相続が繰り返されることで起きる問題点

共有による相続が繰り返されると、相続人はネズミ算式に増えていきます。何世代か後には、見ず知らずの会ったこともない多数の人と不動産を共有していることもあり得ます。

そうなると不動産を処分することもできませんし、共有している不動産の市場価値はほとんどないに等しくなります。

相続登記の義務化の問題とも相まって、不動産の共有は一刻も早く解消すべき課題であるといえるでしょう。しかしながら、一方で「相続登記の義務化」自体は大変素晴らしい制度ですが、罰則を恐れるがゆえに、安易に法定相続による共有を選択することがないように、慎重に判断したいものです。

【事例提供者】株式会社エイト不動産Ｌａｂ　近坂　祐吾

Point

相続人同士の折り合いがつかないのは条件面かそれとも人間関係かを見極めましょう。後者の場合は調整がより難しい。関係性が悪い場合は直接調整や交渉するよりも仲介者を立てること。その場合は互いと親しい関係性の仲介者であればより効果的です。

事例
10

不動産の時価と相続税額は別物。家族経営の場合は事業承継と相続対策を同時に検討

ご相談

父が経営していた飲食店を長男が継いでいます。長男は両親と同居していましたが、父が遺言を残さないまま亡くなり、２人の姉と相続問題が発生してしまいました。姉たちは地元の不動産会社の評価では相続対象の土地に１億円の価値があると主張して、その法定相続分相当額を現金で欲しいと要求しています。しかし長男にはその現金がありません。どうすればいいでしょうか?

解説

■不動産の時価と相続税評価額の違い

不動産相続においてよく誤解されるのが不動産の時価と相続税評価額の違いです。時価では大変な額がついていて、相続税が大変なことになると慌てる人もいます。しかし相続税評価額の基本となる路線価や固定資産税評価額は、多くの場合時価よりも低いものです。

今回の相続対象となる土地は約１００坪、相談者の父親名義でした。父親は遺言書を作成しないまま亡くなってしまいました。相談者である長男は、父所有の土地（相続対象となる

土地）を担保にして、職場である飲食店と同じ敷地内に、自分の家族と両親が生活する自宅を建てて現在に至ります。また母親は、これまでどおり長男に夫の事業を継続させ、長男家族と同居したいと希望しています。

父親が亡くなってからしばらくは、親族間では相続に関して「ゆっくり相談して考えていこう」といった雰囲気でした。しかし、姉たちが実家（長男、母が住む家がある場所）の不動産価値について、近所の不動産会社から「1億円程度の価値がある」と聞いてきてから様相が変わってきます。「1億円程度の価値があるなら相続税がかかる。今のうちに法定相続分の1666万円が欲しい」と。姉2人は年齢が60代になっているので、今後、多額の税金の心配をしたくないというわけです。果たして、今回のケースでは、姉たちが心配しているとおり多額の税金が発生するのでしょうか。

■相続税の基礎控除額のおさらい

まず相続税の基礎控除額は3000万円＋（600万円×法定相続人数）で計算します。このケースでいうと法定相続人数は長男と姉2人、そして彼らの母親となりますので4人です。その計算だと基礎控除額は5400万円ですので、相続する財産が土地だけで、その価値が

5400万円以内であれば、相続税はかからないわけです。

今回のように1億円の価値のある土地を相続するとなるとどうなるでしょうか。相談者である長男にしてみれば、父の残した100坪の土地を売れば姉に相続分を支払えるかもしれませんが、今生活をしている住居と職場である店舗も失うことになります。住居は何とかなるかもしれませんが、地元に根付いた飲食店を簡単に移転させるなどということはほぼ不可能でしょう。ここで留意したいのは、冒頭でお話ししたとおり、不動産の時価と現実の相続税額の算定は別物だということです。姉が不動産業者に時価で1億円だと聞いたとしても、それがそのまま相続税額の算定に使われるわけではありません。路線価や固定資産税評価額はそれよりも低い額が一般的です。ですから姉が主張する1666万円という法定相続額自体が根拠の薄い数字ということになります。

■現実の相続税評価額に基づいた遺産分割協議のやり直し

姉たちが主張する時価1億円というのは、あくまでも更地での取引価格です。今回の不動産における相続税評価額を算定した結果、4000万円程度であり、相続税の基礎控除額の範囲内であることから、相続税が発生しないことが判明しました。そこで遺産分割協議をやり直した結果、今回のケースでは、被相続人である父の土地に、父が経営していた飲食店の法人が建物を所有し、父が引退した後は、その法人の全株式を相談者である長男が承継していたこともあり、土地を含めた不動産を長男が相続し、姉たちには代償金として、それぞれに600万円を支払うことで協議がまとまりました。

家業として相続対象になる土地に店舗や事業所を置き、長男などの親族が継承している、あるいはその予定であるという場合は、不動産相続と事業承継の両方で、早めに家族内で納得する結論を出しておくことが必須です。その場合、相続する不動産に関する正確な価値を、不動産のプロの目でしっかり鑑定してもらい、算定の根拠を理解しておく必要があります。

【事例提供者】株式会社コーズウェイ　長谷部　裕樹

Point

不動産の時価評価をそのまま相続税評価額と考えないでください。現実の不動産相続では、相続対象の土地にかかわる借金の有無や残債額も考慮しなくてはなりません。自前の土地を利用して家業を営んでいる場合などは、不動産相続と事業承継の両方について、早期に家族が納得できる結論を出し、遺言として残しておくことが肝要です。

事例 11

見知らぬ人から「あなたは相続人」との知らせ。「放棄します」では済まないこともある

ご相談

ある日、見知らぬ人から「ある土地を賃貸したいので、共有者の相続人であるあなたに了承をいただきたい」という連絡が届きました。その土地は私の祖父との共有地で、賃貸について同意してほしいそうです。そのような土地について、両親から聞いたことはないし、両親はすでに他界しています。どうすればいいでしょうか?

解説

■相続放棄にはしかるべき手続きが必要

この相談者に連絡してきた人を「Xさん」とします。本件の場合、まず対応策として考えられるのは相続放棄でしょう。相談者は、Xさんに「相続権を放棄する旨を記載した文書」で連絡して相続放棄しようと考え、不動産相続の専門家に相談しました。すると、ただ相手方に相続放棄の宣言をするだけでは相続放棄にならないと諭されました。

相続放棄をするには家庭裁判所に「相続放棄申述書」を提出します。その後、家庭裁判所

ら送られてくる「相続放棄の照会書」への「回答書」も作成する必要があります。この申述書や回答書を適切に作成できないと相続放棄が認められない可能性があります。また、申述書には「相続の開始を知った日」を書かなくてはなりません。相続放棄は基本的に「相続の開始を知った日」から原則3カ月以内に行わなければなりません。

なお、「相続放棄申述書」には相続財産の概略を記述しなくてはならず、本件はどのような土地なのか、本当に祖父とXさんの共有地なのか、祖父から実父、実父から相談者へ相続されたのかなどの事実関係を調査する必要があり、このままでは相続放棄手続きは進められない可能性があるので士業の方に相談するよう勧められました。

■相続登記をしていない土地は多くの問題を内包している

Xさんの手紙には、承諾料の支払いなどの金銭的な記載はありません。ただ「人に貸したいので共有者として了承してほしい」という「お願い」があるだけです。また、Xさんの住所や電話番号も明らかで祖父等親族との関係も綴られていますので、組織的詐欺の匂いは感じられません。

ただし、いくつか疑問に思うことがありました。例えば、土地を保有すると固定資産税などの税金がかかりますが、相談者には請求が来ていませんので、本当に相談者が相続人なのかが不明です。誰かが支払っているとすると、相談者以外に相続人がいるのかもしれません。後々、他の相続人から立替えた分の返還の要求が来ることも考えられます。

仮に、Xさんの要望を無視した場合、Xさんが他の相続人に同様の話を持ちかける可能性もあり、相談者はこの点も心配しました。さらに空き地の不法投棄など本件土地が起因して問題を引き起こす可能性もゼロではないかもしれません。

■まず家系調査から始める

相談者は、こうしたことを考えると、誰かがこの土地の共有状態をはっきりさせて、相続人の意見をまとめ、相続登記などの対応をしていくことが最善の策だという考えに至り、不動産相続の専門家を介して士業と連携することとしました。

相談者は、まずは家系調査を依頼しました。その結果、相談者同様に複数名の推定共有者が存することが判明しました。

その後、相談者は、Xさんと同調し協力を得ながら、本件について処理解決することとしました。

■相続登記の義務化により「知らない土地の相続人」になる可能性が

令和6年4月1日から相続登記が義務化されました。これに伴い、「所有者不明土地の利用の円滑化等に関する特別措置法（平成30年法律第49号）」に基づき、長期間にわたって相続登記が行われていない土地の登記名義人（所有者）の法定相続人を調査し、その中の任意の1名に「長期間相続登記がされていないことの通知（お知らせ）」が送られます。

なおこの通知は、固定資産税の未払いの有無とは関係なく、相続登記がされていない土地に対して、送られてくる可能性があります。

相続人は不動産の相続を知った日から3年以内に相続登記しなければならず、正当な理由がなく相続登記しなかった場合は10万円以下の過料が科されます。なお令和6年4月1日前に発生した相続についてもこの法律は適用されます。

相続放棄の手続きは、自分だけの意思で実施でき、他の相続人の了承を得る必要はありません（手続きは前述のとおり）。

しかし、自分が相続放棄により逃れたとしても、他の相続人も各人で対処していかなくてはならないことから、せめて自分が相続放棄をしたということについては、他の相続人に対し通知等をすることを考えたいものです。

また、相続放棄は一度裁判所に申述書などを提出すると、原則として撤回できません。もしも相続放棄の後、その土地にデベロッパーなどから高額での買い取り希望があったとしても、引き返す手立てはありません。相続放棄はくれぐれも慎重に進める必要があります。

【事例提供者】小田急不動産株式会社　喜多 秀一

Point

法律改正により、全く認識のない土地の相続人であると法務局から知らされる可能性が出てきました。この場合相続放棄するのも選択肢の1つでしょう。その場合も他の相続人がマイナスの遺産に苦しまないよう配慮が必要です。また相続登記から漏れている不動産などがないか、遺言などを作成する場合は注意しておきましょう。

第3章

土地の有効活用は不動産のプロでないと難しい

事例 12

住まなくなった実家（空き家）の処分。税金面で合理的な方法を活用する

ご相談

高齢の両親が施設に入居し、実家は空き家となりました。これらを処分したいのですが、現金などの資産もあり、相続税がかかることが発覚しました。なるべくなら相続税を節約したいと考えています。最適な方法を教えていただけますか？

解説

■空き家の処分は価格だけでは決められない

近年少子高齢化が進み、空き家問題が深刻化しています。空き家をどう処分するかが相続の大きなテーマになっています。

このケースも、90歳を超える両親が施設に入り、娘は3人とも実家を離れて暮らしているため、実家は完全な空き家となっています。住む予定はなく、管理費用もかさむため、処分できないかという相談でした。

この場合のポイントはやはり相続税です。もし財産があるのなら子どもたちで均等に分けたいが、相続税が気になります。そこで、まず父親だけでなく、母親もすべての資産を棚卸ししてみると、父親6000万円、母親3000万円ほどの資産をお持ちでした。これにより、相続税が発生することがわかりました。

こうしたケースの場合、1次相続で配偶者が相続すると2次相続時に相続税の負担が大きくなることがあります。今回のベストの選択は1次相続の際、子どもたちに法定相続よりも多めに分配するという方法です。両親ともに認知症などもなく判断力のあるうちならば、最適な方法は、両親がそれぞれ遺言書を書き、どちらが先に亡くなっても一方が2次相続を見据えて法定相続よりも少ない割合で財産を相続することを決めておくことです。

続いて空き家をどうするか。空き家を処分する場合、不動産業者へ依頼する売却の仕方として大きく分けて4つの方法があります。

①古い家が建ったまま土地とともに仲介で買い主を探す
②建物を解体して更地にし、仲介にその土地を売却
③現状のまま仲介にて買取業者に売却
④現状のまま直接売却

いずれにせよ、家財の処分費用や解体費用など何らかの持ち出しがあり、またいつ売れるのか売却時期が見通せない不安もあります。ちなみに、解体については自治体によっては空き家対策として解体費用の助成金が出ることもあります。

リフォームの前提で買われた場合、家自体に想定外の不具合や瑕疵があれば、その保証もしなければならない場合もあります。

売却額はそれぞれ異なりますが、かかる経費を差し引き最終的な手残り金額と手間やリスクを考え、その中でどの方法を選択するのか判断する必要があります。なおこのケースでは、売却価格と時期、それにかかる手間（コスト）などを総合的に検討した結果、空き家と土地をそのまま買取業者に売却することを選択し（③）、約2400万円の売却益が出ました。

■居住用財産の3000万円特別控除を利用する

では、この売却益2400万円という金額に注目しましょう。

実は近年、居住用財産の3000万円特別控除という特例が定められました。住まなくなって3年以内の住居の売却ならば3000万円まで無税というものです。売却までの期間が決められていますので、自宅の売却の際には、「いつから空き家か」という点に注意してください。このケースではちょうどこの特例の適用条件を満たしていたので、譲渡所得税はゼロにすることができました。

■暦年課税と相続時精算課税のメリット・デメリット

売却した資金をこのまま置いておいても相続税はかかります。

もう1つ忘れてはならない節税対策があります。それは生前贈与に関する税制で、暦年課税と相続時精算課税という仕組みです。暦年課税とは、1年間で贈与された財産の合計額に応じて課税される方式のことをいいますが、年間110万円の基礎控除があるため、基礎控除以内の贈与に対しては贈与税がかかりません。贈与された財産が多ければ累進課税により税率は高くなります。ちなみに令和5年の税制改正で、暦年課税で贈与を受けた財産を相続財産に加算しなければならない期間が、相続開始前3年間から7年間に延長されています。

一方の相続時精算課税は、暦年課税よりも大きな金額の資産を、一気に移動することができる税制です。暦年課税では年間110万円の控除しかありませんが、相続時精算課税では、特別控除枠が2500万円あるため、その範囲内では贈与税がかからず一度にまとめて大きな資産移動をすることができます。

ただし、相続時精算課税制度を使って贈与した財産は相続発生時相続財産として相続税の課税対象となります。相続時精算課税制度は一度利用すると同一人間では暦年課税による贈与に戻すことはできなくなります。相続時精算課税制度による贈与は相続が発生するまで何度でも利用でき、特別控除枠の2500万円まで贈与税がかかりません。

また、令和6年の税制改正により、相続時精算課税制度にも110万円の基礎控除が受けられることになりました。どちらの制度を利用した方が有利になるかは、贈与する財産額と年齢などによって考えていきます。

こうして、税に関する特例や仕組みをフル活用し、実家の売却資金と金融資産を生前贈与することによって、極力税金を抑えることに成功しました。分与された資産は、住居の建て替えや教育資金など、それぞれの必要に充てられたそうです。

【事例提供者】株式会社K-コンサルティング　大澤 健司

Point

深刻な空き家対策として、処分方法における特例や制度が近年は整い始めています。こうした制度を知り、上手に活用することによって、相続時の節税が可能となります。払わなくてもよい相続税を払うことになる前に、情報収集が必要です。

事例
13

倒壊の恐れのある建物付き土地を売りたいが、店子がなかなか納得してくれない

ご相談

先々代から引き継いでいる借地上の建物が古くなり、倒壊の恐れがあると市役所を通じて建物の維持保全の改善命令が届きました。取り壊し、土地を地主に返還したいのですが、建物の一部を賃貸している80代後半の女性が退去をしてくれません。どうしたらいいでしょうか?

解説

■ある日突然、市役所からの改善命令が……

相談者は60代の方ですが、先々代からの借地を相続したものの、借地上の建物がすでに老朽化し、市役所から建物の維持保全の改善命令の書類が届きました。近隣の住人から市役所に倒壊の恐れがあり危険だというクレームがあったということです。

相談者は以前からこの借地権の返還を考えていました。老朽化した建物は昭和20年代に建てられたものです。二軒長屋になっていて、一軒には80代後半の女性が相談者と賃貸借契約

を結んで1人暮らしをしていました。長らく空き家になっているもう一軒の方はさらに老朽化が進んでボロボロの状態でした。地震などがあれば一気に倒壊の危険もあります。

相談者には子どもがいましたが、当然このような問題のある借地をそのまま相続させるのはリスクが大きい。何とか解決の方法はないかと思案していました。その矢先に市役所からの改善命令が届いたため、相談に来られたということです。

■「特定空家等」に指定されると面倒なことに

今回のケースでは長屋の一軒に賃借人が住んでいましたが、完全に空き家であった場合、「特定空家等」に指定される可能性があります。これは倒壊など著しく保安上危険となり、または著しく衛生上有害となる恐れのある空き家、あるいは管理が不十分で景観を著しく損なっている空き家などを行政が特定するものです。

特定空家等や、そのまま放置すれば特定空家等に該当する恐れがある管理不全空家等の所有者に対し、まずは行政から指導がなされ、それでも改善されずに勧告がなされると、固定資産税が6倍になるなど、大変な負担となります。管理不十分な空き家が増えることを見越しての施策で、今後はさらに改善命令や特定空家指定が増えると考えられます。

今回の相談を受け、私たちはまず関係法規を調べて現状調査を行い、有識者との意見交換なども行いました。結論としてはやはり建物を解体し、更地にして借地を地主に返還することが一番の解決法ということになりました。

問題になったのは建物に居住していた80代後半の女性でした。事情を説明しても頑として退去に応じようとしないのです。膠着状態から抜け出すことができたのは、この女性がふと洩らした「亡くなった主人には、連れ子の息子がいて他県に住んでいる」という言葉でした。

そこで民生委員に頼んで連絡先を確認し、息子さんが来て説得してくれることになりました。こんなところに居続けて迷惑をかけたらいけない。建物が崩れたら危険だと。息子さんの言葉に、ようやく納得してくれたのです。結局、息子さんが有料老人ホームを探して手続きし、入居することができました。

■補助金制度を利用して先手先手の対応を

今回のような築古の木造住宅を解体する場合、各自治体の「木造住宅除去事業補助金制度」を使うことができます。自治体によって条件や金額が異なるのですが、今回のケースは30万円の支給を受けることができました（補助金には各自治体ごとに年度枠があるので要注意）。

いずれにしても特定空家等に指定されてしまうと大変面倒で負担になります。さらに解体など行政代執行のようなことになると、かなりの金額が請求され、しかも補助金も出ません。

あとは借地の場合、底地の地主に買い取り請求をすることも可能です。ただし請求とは言ってもあくまで借地人と地主の両者の話し合いが前提です。借地権の買取価格は、一般的には更地の価格の50％ほどとされています。今回のケースでは相談者はこれまで地主にかなりお世話になってきたということで、請求しないということに。結果として入居者退去→建物解体→借地返却が実現し、時間はかかりましたが問題は解決を見ました。

【事例提供者】株式会社エイト不動産Ｌａｂ　近坂　祐吾

Point

築古の空き家に関しては、管理上の問題がある場合、市役所から改善の指導や勧告が来ることがあります。最悪の場合は特定空家等に指定され、負担がさらに大きくなります。そのままでは相続しても問題が多くなるため、解体して更地にするのがお勧めです。

事例
14

節税対策としてマンション建築を紹介されたが、それが正しいのかどうかで迷っている

ご相談

不動産を多く所有しているのですが、節税のためにと、税理士とハウスメーカーからマンション建築の強い誘いがありました。億単位の借り入れをしてまでマンション経営することが正しい判断かどうかで迷っています。他に適切な税金対策はありませんか？

解説

■ROA診断によって不良不動産の存在があきらかに

不動産を多数持っているならば、そこを活用してマンション経営をするというのは、一般的な不動産経営と節税対策です。土地があるならば、多額の借り入れをして、それを不動産経営の元手とすれば、正味資産を減らすことによって節税が可能になります。

ただし、必ずしもそれがベストの節税対策かどうかは、さまざまな状況や条件を考慮して判断しなければわかりません。

今回の相談者のケースは、懇意にしている税理士が連れてきたハウスメーカーの提案でした。相談者は資産家で広大な土地を所有しています。相続対策として銀行から融資を受けた上で、その土地に1億5000万円のマンションを建てる。それを自社で一括借り上げて、満室保証もしてくれるというものでした。

資産をROA診断（事例17参照）で分析してみると、一点気になるところがありました。国道沿いのいい立地を貸しているのですが、相続税で1億2000万円にもなる土地から、月10万円の賃料しか得ていないのです。場所がいいのに賃料が釣り合わないというタイプの「不良不動産」となっていたのです。

不良不動産にはいくつかのパターンがあります。賃料が釣り合わない以外にも、

・境界が明確ではない
・近隣の居住者とトラブルがある
・無道路地で利用価値が低い
・建物が違法建築である
・旧耐震基準のままの建物

などです。

こうした不良不動産を持っているなら、利用の仕方を変えるか売却した方が、相続税や固定資産税の節税という観点ではメリットがあります。

■税理士は必ずしも不動産相続の専門家にはあらず

しかし、ハウスメーカーが持ってきた建設計画についても気になる点がありました。それはマンションの一括借り上げ、30年間満室保証という提案です。一見良さそうに見えますが、マンションを長期的に経営していけば、修繕費用などもかかる上、物件が古くなるので人気が下落し、最初の家賃と同じ額で賃料を継続して徴収することが困難になります。さらに、一括借り上げのシステムにもよるのですが、ハウスメーカーの全面管理となると、満室保証をするためには家賃をどんどん下げていかなければ誰も入室してくれません。そうです、空室対策の保証は30年間ですが賃料収入の保証ではないのです。その権利を所有者ではなくハウスメーカーが持っていたせいで、マンション経営は赤字となり、裁判沙汰になったケースも少なくないのです。

マンション経営は不動産を有効活用する手段の1つですが、最初を間違えると、極端な話、取り返しがつかなくなるリスクをはらんでもいるのです。

そもそも、このケースでは、税理士が節税対策として提案したものです。税理士は節税のプロであることは確かです。しかし、実績ある税理士でも不動産相続は専門外という場合もあるので、注意が必要です。

一般の人々から見ると、士業の肩書の方が信頼感は高いように見えるかもしれません。しかし、不動産会社は、ＲＯＡ診断などの資産分析を経て不動産をどう運用していけば最大のメリットが出せるかをしっかりと分析します。その点では税理士よりも専門家なのです。

■不動産を減らすことによる節税対策もある

広大な不動産を持ち、大きなマンションを建設したとしても、のちのち多額の現金がなければ相続税を納税できず、資産総額ではリッチなのに税金を払えない「黒字倒産」のような状態になる可能性もあることを、知っておいた方がいいでしょう。

ちなみにこのケースでは、不良不動産となっていた土地を売却することによって固定資産税の対象を減らし、売却益を使って別の場所に小ぶりのアパートを建設することによって対処しました。大きなマンションに比べ、アパートの方が建設資金も安い上に修繕や改築など、メンテナンス的にも小回りが利きやすい物件なのです。

相続というと、できるだけ現状維持のまま節税を考えたい、できればマンション経営などで税金対策をしたいという考え方をする人がほとんどです。「現状維持プラスアルファ」の発想です。しかしいざ相続が発生すると、莫大な相続税のために不動産を処分しなければならないこともよくあります。その前に、まず不動産を売却して固定資産税の対象をあらかじめ減らしておくこと、前述にならって言い換えれば「不動産のマイナス」という発想も、節税対策としては1つの手段となります。こうした発想も時には必要となるのです。

【事例提供者】株式会社イーコムハウジング　北島　光太郎

Point

節税対策はマンションを建てることなどばかりではなく、不良不動産の見直しなど、税金の対象となる不動産を売却して減らすことによって成功する場合もあります。相談する際には、不動産は専門外の士業よりも、不動産コンサルティングのプロに相談する方が良い選択といえるでしょう。

事例
15

付き合いの長い税理士からの提案や請求に納得できないときはこう対応する

ご相談

父が亡くなり、日頃からお願いしている税理士さんに依頼したところ、どうも手続きや請求金額に不明瞭な部分がたくさん出てきました。長年信頼してきた方なのですが、このまま頼み続けていいのでしょうか？

解説

■理解できない請求書が税理士から届いた!?

資産家の父が亡くなり、お金の管理を娘が引き継いだところ、よくわからない請求書や振込依頼などが次々とあることが発覚。そこで支払いの整理をしたところ、ある税理士に多額のお金が流れていることがわかりました。もうかなりの高齢であるこの税理士は、父とは古くから付き合いのある人物で、税金対策から財産・相続関連の管理をすべて任せていました。すべて父が取り仕切っていたことから、父がいなくなった後の母はその契約内容など知らず、すべて税理士の言われるままに請求を受け、支払いをしていたのです。

疑問を持った娘が過去の請求を洗い出したところ、数百万円単位の請求が何度も届いていたため、何とかしなければと考えました。請求書では、本来なら司法書士がやるべきことまで税理士が行っていたようです。

そこで、娘が独自に専門家を頼んで相続の書類づくりを頼むと、税理士が7600万円としていた相続税が、実は4500万円で済んでしまいました。

この税理士は、納税についてはプロですが、相続についてはは専門的な知識はほとんどなく、自分なりに処理していたのです。そして本来なら司法書士に支払うはずの費用や遺産分割協議書の作成費用、さらに相続サポート料という不明な費用まで請求していたのです。

■税理士試験で相続関連科目を選択するケースは少ない

国税庁のホームページによると、税理士資格取得のための試験内容は、会計学に属する科目（簿記論及び財務諸表論）の必須2科目と、所得税法や法人税法、相続税法など税法に属する5科目のうち3科目の計5科目で合格基準点を上回る必要があります。

2023年度税理士試験結果をみると、相続税法の合格者は282人で最も合格率が低くなっています。合格者の延べ人数8800人以上の試験で、相続や不動産関係の試験をクリアしている受験者がわずか150人から300人程度というのは、税理士の試験科目としてはかなり人気がないとみることができます。

税理士は、簿記や財務管理、法人税などをマスターして企業担当を目指す方が安定して仕事を獲得できるため、固定資産税や相続税など主に個人が中心の項目については、専門外という人も多いということです。このケースでは、税理士がかなりの高齢で、書類もすべて手書きであり、データ管理はできていないことが明白でした。これでは不安が募るのは当然です。ましてや司法書士の担当分まで行うというのは、越権行為になりかねません。

■節税の提案に不安があったら別の意見も聞いてみる

不動産相続において、現地を見て、立地などからその土地の価値を正しく見極めるのが不動産相続の専門家です。土地は見ずに、書類と路線価程度の知識で机上の判断をするのは危険です。ましてや「不動産と相続税の関係で何を売り、何を残すのが将来的に最適か」といった長期的な視野をもって判断するのは、むしろ不動産コンサルティングの領域です。税理士にもコンサルティング方面に長けた方もいるとは思いますが、肩書を持っていれば誰でもできるというものではありません。税理士としては有能でも、相続のコンサルティングがきちんとできるとは限らないのです。実務においても、例えば不動産分割を検討する場合、法定相続で決めてしまったり、不動産の立地や状態などを見極めず、単純に等分割にしてしまいがちです。またこのケースでは費用の感覚も現実とはずれており、信頼できる不動産・相続管理ができていたとは思えません。

今回のケースはちょっと極端な税理士の話ですが、確かにこのようなタイプの税理士は存在するようです。相続については、専門的に扱える人物に相談し、とりわけ不安を感じるのであれば、複数人に依頼してセカンドオピニオンを取ることも必要です。

【事例提供者】株式会社KENbridge　野田　直希

Point

税理士が必ずしも相続関係の手続きに詳しいとは限らず、長期的な視点での効率的な節税対策を行ってくれるかどうかは、本人の経験と知識次第。不動産相続の専門家に依頼し、できれば複数の人物からセカンドオピニオンを得て比較してみることも、節税対策としては有効です。

事例
16

認知した非嫡出子は、嫡出子と同様に相続の権利を持っている

ご相談

先祖代々400年続く地主で、現在も800坪の不動産を所有しています。その土地の一部と一部の貸家は、弟名義になっています。先日弟が亡くなり、相続手続きを開始しようとしたところ、弟に非嫡出子がいることが判明しました。見ず知らずの非嫡出子と、どのように財産を分けなければならないのでしょうか？

解説

■認知した非嫡出子は嫡出子と同じ権利を持っている

婚姻関係のある男女の間に生まれた子どもを嫡出子といい、婚姻関係のない男女の間に生まれた子どもを非嫡出子といいます。

母親と非嫡出子の親子関係はおのずから証明できますが、父親と非嫡出子の場合は別です。父親が認知して初めて、法律上の親子関係が成立するのです。

以前は非嫡出子の法定相続分は、嫡出子の1／2しかありませんでしたが、平成25年9月

5日の民法改正により非嫡出子と嫡出子の相続分は同一となりました。

非嫡出子をめぐる相続トラブルには、以下の3つが考えられます。

1. 父親の死亡後、非嫡出子の存在が判明した
2. 非嫡出子と連絡がとれず、遺産分割協議が進まない
3. 配偶者と、相続人ではない非嫡出子の母親との間で諍いになる

1.は非嫡出子の存在が明るみになることで、父親に対する配偶者や子どもの感情が微妙なものになったり、自分たちの相続分が減ることで非嫡出子との間で諍いになります。2.は非嫡出子が参加しないと、遺産分割協議が進みません。相続税がかかる場合、納付時期が遅れると、延滞税などが課せられることがあります。3.は相続人間の感情のもつれが、限られた時間の中で行わなければいけない遺産分割協議に影響を与えます。

■非嫡出子をめぐる相続は誠実な話し合いが肝要

相談者も、75歳を超え不動産の扱いに困る中、弟の死によって先祖伝来の不動産の共有者

がまた増えることになりました。そのため信頼できる不動産相続の専門家に相談しました。非嫡出子の出現で、一時は弟の共有持分の扱いに苦慮しましたが、非嫡出子には不動産の相続分相当額にあたる金銭を支払うことで、弟の遺産分割協議を無事に完了させることができました。

■非嫡出子がいる場合、生前に行うべきこと

非嫡出子がいる場合、父親が遺言を残さず死亡してしまうと、相続時に配偶者・嫡出子・非嫡出子がともに苦労することになります。相続前に、家族には非嫡出子の存在を明らかにすることと、相続時に家族間で諍いを起こさないために、遺言書を作成することが大切です。

【事例提供者】株式会社コーズウェイ　長谷部　裕樹

Point

非嫡出子も嫡出子と同様の相続権を持っています。相続財産に不動産があり、死亡後に初めて非嫡出子の存在が明らかになった場合は、当事者間で直接の話し合いを避け、弁護士や不動産相続の専門家に事前に相談すべきです。

事例
17

あえて不動産を夫婦共有で相続。2次相続を考えて一番良い選択を考える

ご相談

母親が亡くなり、不動産と現金合わせて20億円の資産を夫婦で相続します。税理士も弁護士も夫婦で2分の1ずつの分割相続を勧めますが、賃貸物件の管理など煩雑な仕事もあります。どう配分すれば自分たちだけでなく、子どもへの相続の際にも有利になるでしょうか？

解説

■まず資産の棚卸しをして全体を把握する

被相続人の自宅はもちろん、貸地や倉庫、ガレージ、マンションといった不動産の資産が約15億円、現金や預貯金、株式や生命保険などの動産が約5億円という大変な額の遺産を受けた夫婦からの相談です。

大地主の家なのですが、被相続人には実子がなく今から10年ほど前に甥っ子夫婦と養子縁組をしました。被相続人が数年前に亡くなり、莫大な遺産を養子夫婦が相続しました。約5

億円の相続税も、金融資産だけでほぼ同額があったので不動産を1つも売ることなく納税できました。

さて、問題は相続した不動産資産をどのように配分するかということです。資産家の場合によくあることなのですが、どこにどんな資産があり、どのような状態なのか？　相続した人がよく把握していないケースが多いのです。

今回の相談も、まずは資産の棚卸しをして、全容を把握する必要がありました。相続人と税理士や弁護士、管理会社とコンサルタントが揃って全物件を1日かけて回りました。

各賃貸物件の現状確認と諸問題（越境、再建築不可、その他）の共有、入居者調査、売却検討物件の検討と購入希望者の調整、各コストの見直しを行いました。その上で各資産について ROA診断をして優良物件とそうでない物件を仕分ける作業をしました。

■ROA診断で資産を仕分けする

ここでROA診断について少し解説しておきましょう。ROA（Return On Asset）とは総資産額に対する利益の割合です。仮に5000万円の不動産があり、年間家賃収入が500万円だったとすると、ROAは以下のように求められます。

500万円（年間家賃収入）÷5000万円（総資産）＝10％

このROAの数字が高い方が資産効率性が高い優良な物件であり、低いほど資産効率性の低い不良な物件と判断されるわけです。もちろん物件評価の基準はこれだけではないのですが、1つの重要な指標であることは間違いありません。

このROAを横軸にし、実際の収益の額の高低（収益性）を縦軸にしたマトリックスを作ります。するとA＝「資産効率も収益性も高い物件」、B＝「資産効率は低いが収益性は高い物件」、C＝「資産効率は高いが収益性は低い物件」、D＝「資産効率も収益性も低い物件」の4つの領域に分かれます。

持っているそれぞれの不動産資産が、4つのどの領域に仕分けされるのか評価し、それによってその不動産をどうすべきかを考えていきます。

Aの物件はもちろん保持・継続物件するべき物件です。Bの物件は戦略的保有物件として、さまざまな改善をすることでさらに資産効率を高める。Cの物件は収益性は低いので関係者などへの売却を考える。Dの物件は不要資産と考え、とにかく早めに売却してしまう、という具合です。

資産が多い場合は、このようにそれぞれの領域に仕分けし、資産を整理することが肝要で

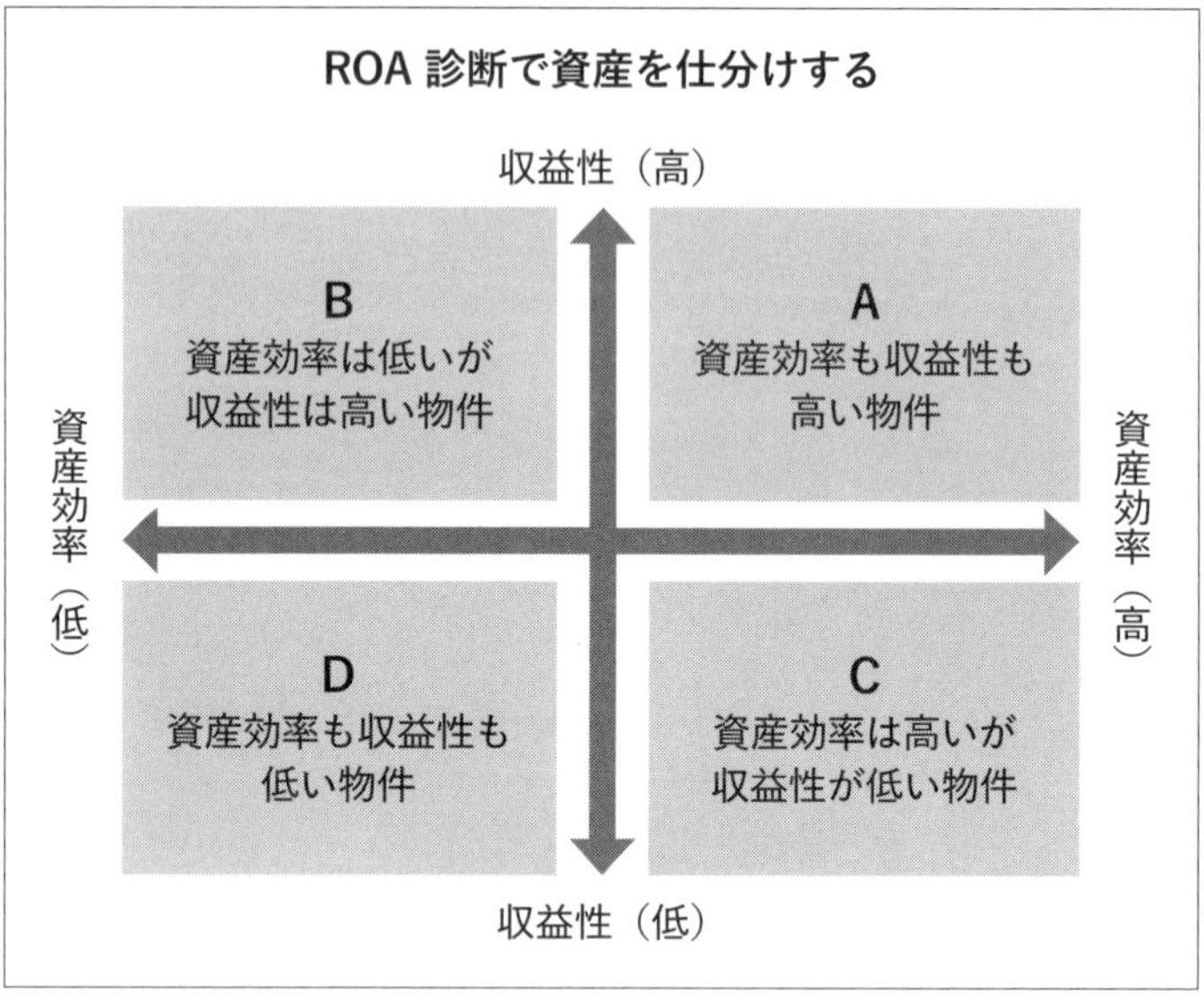

す。ちなみに大変多くの資産を持っている相談者でしたが、仕分けをするとＡの資産はやはり少なく、ＣやＤの売却した方がいい物件が結構ありました。

■均等割で本当に良いか？

相談者には税理士と弁護士が付いていました。彼らは相続した遺産を夫婦で２分の１ずつ分けることを勧めたようです。共有財産としておくことはいろいろなトラブルの元となるので避けるべきという考えです。確かに通常のケースではその公式が当てはまるでしょう。ただ、今回の相談者のようにたくさんの資産があり、しかも玉石混交となるとちょっと違う視点で考えるべきです。

まずはＣやＤに分類される資産を売却し、優良物件だけに絞り込むことが先決です。先に分割してしまい、その後に物件を絞り込んでみると、当初の比率の分割ではなくなる可能性があるからです。

もう1つの理由はそもそも2分の1ずつという比率で正しいかどうかです。実は相続人夫婦のうち、夫はすでに数億円というかなりの資産を持っていました。妻の方は資産といっても1000万円ほど。今回の相続を2分の1ずつで分けると、夫の資産額が10億円を超え、一気に大きくなってしまうのです。夫婦には2人の子どもがいるのですが、将来もし夫が先に亡くなった場合、残された奥さんや子どもたちへの相続が大変なことになります。彼らは再び数億円の相続税を支払わなければならないのです。それを避けるためにも今回の相続の割合は奥さんの方に大きく移すべきです。それぞれのすでに持っている資産と合せて、最終的に2人の資産額がほぼ同じぐらいになるように調整するのです。

いずれにしてもまだ分割比率を決定するのは時期尚早で、資産の仕分け作業が済んだのちに、結果的に2人の資産額がほぼ同額となるべく資産を分割する。それまではあえて未分割とすることにしました。

■プライベートカンパニーを作って長期的戦略を立てることも

相続資産が大きい場合、また不動産資産などがたくさんある場合は、2次相続、3次相続を考えた上での相続対策が必要になります。今回のケースではプライベートカンパニーを作ることを視野に入れています。

資産の整理と管理を行うことと同時に不動産投資の最大化を図りつつ、将来の相続に備えてのキャッシュフローを蓄える。長期的な視点で戦略的に相続を考える必要があるということです。

【事例提供者】株式会社エスクリエイト　笹倉　太司

Point

相続する不動産資産が膨大かつ多岐にわたる場合、まずその内容を把握・評価し、残す資産と売却する資産を整理するべきです。2次相続、3次相続を視野に入れた戦略的な相続対策が必要になります。場合によってはプライベートカンパニーの設立も考えましょう。

事例
18

広すぎる実家を相続したら、思い切って売却することも検討する

ご相談

父親が亡くなり、いま実家で母と2人で住んでいます。実家は200坪の土地に30坪の平屋なのですが、私は売却して母も私も老後を暮らしやすい環境で再スタートした方がいいと感じます。ただ母は父の残した土地を売るのに抵抗があるようです。どうしたらよいでしょうか？

解説

■「実家だから……」と固執すると、のちのち負担になる

父親が他界したことで、母（80代）と長女（50代）の2人で実家を相続したケースです。長女は独身で子どもはいません。相続財産は実家の土地建物のみで、その他の資産は特にありません。

200坪の土地には広い庭がありますが、長女は介護の仕事で忙しく、母親はがんを患っているため体の自由が利きません。父親が健在の時は立派な植木などもありましたが、現在

は手入れも行き届かず草ぼうぼうという状態でした。このような状況で母親と長女がこの実家を維持していくのは、正直に言って負担が大きいと思います。

地方の相続では、よくあるケースです。家族と生活を共にした実家に思い入れがあるのは当然のことですが、実家の維持管理費が生活を圧迫するようになっては本末転倒です。

■賃貸経営だけが相続対策ではない

不動産の売却以外では、このような場合、一般的な相続対策としては、土地の有効活用と不動産収益を見込んでアパートやマンションを建てることが考えられます。

不動産投資はアパートやマンションの管理業務に留まることなく、経営者としての手腕が問われます。不動産会社に物件管理や空室対策を依頼することもできますが、業者選びには不動産に関する最低限の知識が必要です。任せっきりはトラブルや失敗の元です。

また多くの場合、不動産投資には銀行からの借り入れが必要となります。今後のライフプランを考えた際に、多額の借金を抱えることをどう評価するかを慎重に検討しなければなりません。当然ですが、アパート事業に失敗するリスクもあります。

現実的に実家の維持が難しいのであれば、思い切って売却をし、売却益を使って生活実態に合った「住みやすい家」に引っ越すことを検討していただきたいと思います。

今回の場合、2人とも元から賃貸経営に関心は薄かったので、私たちで土地を買い取り、その売却益で新たにセキュリティーのしっかりとしたマンションを購入し、転居することを提案しました。長女は元々転居に前向きでしたので問題はなく、母親にはご自身の健康状態を考えたとき、売却して病院などの施設に近い場所に移られた方が生活しやすく、結果的には良い方向にいくということを説明し、納得してもらいました。

最終的には長女と母親は少し離れた郊外のマンションを購入して転居しました。長女の職場から近いなどの理由があったようです。いずれにしても売却益からマンション購入費用やその他の経費を引いても、かなりの手残りが出たと思います。それが今後の2人の生活の保障にもなったことを考えると、良い選択だったといえるでしょう。

■遠くの実家を相続する場合にも注意が必要

今回の事例とは異なりますが、親と離れて生活している子どもが実家を相続するというケースもよくあります。実際に住まないといっても、固定資産税などの税金はかかりますし、それ以外にも土地建物の維持には相応の費用が必要です。

令和5年12月13日から改正「空家等対策の推進に関する特別措置法」（改正空家特措法）が施行され、空き家に対するルールが大きく変わりました。新たに「管理不全空家等」という区分が設定され、これまでより早い段階で行政（地方自治体）が介入できるようになりました。管理不全空家等に指定された空き家をそのまま放置すると、市町村長から勧告を受け、固定資産税の優遇措置を受けられなくなったり、建物の除去命令が出る恐れがあります。

何の計画もなく遠くの実家を相続してしまうと、倒壊や火事のリスクだけでなく、特定空家等に指定されないための大きなコスト負担が発生するのです。

タレントの松本明子さんは香川県にある実家を25年もの間、維持管理するのに約1800万円もの費用を使ったと、著書『実家じまい終わらせました！』の中で語っています。松本さんの場合は無計画だったわけではなく、生前にお父さんから「実家を頼む」と言われたのを守っただけだったのですが、お父さんが3000万円で建て、リフォームに600万円をかけた家が、不動産会社の査定では200万円にしかならず、県が運営する空き家バンクを利用して、やっとのことで600万円で売却できたそうです。

広すぎて使わない（使えない）実家を相続する可能性がある場合は、相続が発生する前に、実家の扱いについて、親や子どもの間で落ち着いた状態で話し合うべきです。相談の結果、売却するという結論になったとしても、トラブル等を未然に防ぐために不動産相続のプロに相談することをお勧めします。

■短期譲渡税と長期譲渡税の違いを理解する

売却によって得る譲渡所得が3000万円を超える場合、譲渡所得税等がかかることになります。相続してから5年以内に売却した場合は短期譲渡所得となり税率が39・63％。それに対して5年を超えた不動産を売却する場合は長期譲渡所得で20・315％となり、かなり差があります。相続した土地を売却する際には注意しておきましょう。

【事例提供者】タカノ興発株式会社　沖田　勝彦

Point

相続人にとって生活するには持て余すような広さの物件もあります。アパートやマンションなどを建てて不動産オーナーになる選択もありますが、さまざまな負担が発生します。ご自身の仕事や同居人の健康状態などを総合的に考えて、売却して転居という選択も有効です。

事例
19

住むつもりのない借地権付き不動産。相続人が選択した「空き家特例措置」

ご相談

父が亡くなり私（長男）と妹2人の3人で、父が長年1人で住んでいた借地権付の家屋（77㎡）を相続することになりました。私たちは売却して現金を3等分して済ませたいと考えています。2軒の不動産会社に相談したところ「長男が土地を買い取り売却する」「現状のまま売却する」など意見が割れました。どの方法がベストでしょうか？

解説

■「空き家の発生を抑制するための特例措置」制度を使う

不動産を相続する場合、その物件にどの相続人も住むつもりがないのであれば、「相続等により取得した空き家を譲渡した場合の3000万円特別控除」（通称：空き家特例措置）の利用を考えるべきでしょう。この空き家特例措置は、耐震性のない空き家が増えるのを防ぐ目的で制定されたもので、借地権付きの建物にも適用されます。

簡単にまとめると、この特例は、被相続人が亡くなった時点で1人暮らしだった場合に、被相続人が死亡した日以後3年を経過した日の属する年の12月31日までに、相続した家屋またはその敷地を譲渡するにあたり、一定の条件を満たしたときに、その利益から3000万円を控除できるという制度です。なお、令和6年1月1日以後の譲渡については、家屋や土地を取得した相続人が3人以上の場合、控除額は2000万円となっています。

この特例措置の適用を受けるには、被相続人が居住用に使っていて、昭和56年5月31日以前に建築された建物とその敷地であることが条件です。加えて、譲渡するにあたり、建築物を取り除くか、建物について耐震基準を満たす（満たしていない場合は改修をする）必要があります。

この他、平成31年度税制改正により、被相続人が相続開始の直前に老人ホーム等に入所していた場合も、一定要件を満たせばこの特例の適用対象となります。

今回相談されたケースでは、被相続人以外に、その妻もすでに亡くなっており、誰もこの家に住むことはないので、この特例措置を使うことができます。

従って、本件は「相続した家屋は取り壊して更地にし、借地権をそのままにして売却する」が正解です。相談者は3軒目の相談で、ようやく納得できる具体的な相続方法を知ることができました。最終的には、長男がいったん不動産他の預貯金を相続し、妹2人に代償金を支払う「代償分割」としました。

■400万〜500万円の税金支払いがゼロに

では、最初の2つの不動産会社のアドバイスに従っていればどうなっていたでしょうか。「空き家特例措置」を使わずに何らかの形で不動産を売却して現金を作り相続していたら、400万〜500万円の税金を払うことになっていたでしょう。

仮に長男が土地を買い取り、すぐに売ってしまうと、短期譲渡所得税が最大で39・63％かかります。土地を買い取った時点で所有者が変わるため「空き家特例措置」は使えません。相談者は最初に相談した事業者から「借地権だけでは売りにくい」と言われたそうですが、最終的に最後に相談した事業者に買い取ってもらえたので、あまり根拠がないアドバイスだったといえます。もちろん相談者は一切相続に関する税金を払わずに済んでいます。

ちなみに譲渡所得の区分は、所有期間が5年以下の場合は「短期譲渡所得」、5年を超えていた場合は「長期譲渡所得」となります。この所有期間は譲渡（売却）した年の1月1日の時点で、当該不動産を何年所有していたかで決定されます。つまり、譲渡が1月でも12月でも、譲渡した年の1月1日時点までの経過年数が所有期間となるので注意が必要です。

なお「空き家特例措置」は申告して初めて使えるものです。従って事前にこの制度を知っているか、制度に関するアドバイスがなければ、利用することができませんでした。相談者はいくつかの事業者に相談を持ちかけたことで、最も良いアドバイスを受け、しかも早期の不動産の現金化もかないました。不動産相続に関してもセカンドオピニオン、サードオピニオンが有効であるという好例です。

【事例提供者】ウエストエリア株式会社　大村　武司

Point

相続税にかかわる税制には申告制で内容が複雑なものもあるが、その後の収入に大きく影響する可能性があります。こうした分野に詳しい事業者のアドバイスを求めることが重要です。その際、疑問などがあれば複数の専門家を訪ねることをお勧めします。

事例
20

区画整理されない複雑な土地や農地は、まず関係者の認識と意識を共有する

ご相談

分家である身内と持ち合っている5000坪の農地（生産緑地）があります。ただし、その中は本家である私の持ち分と細かくパッチワーク状に分かれています。いざ相続となった場合、問題が起きるのは目に見えています。何とかしたいのですが、どのような手順で進めればよいでしょうか？

解説

■権利関係が不明、あるいは複雑な土地は売るに売れない

せっかく広い土地を持っていても、区画整理されていない土地は相続になるといろいろな問題が出てきます。権利関係が複雑だったり、不明の土地が入り込んでいたりすると、売るに売れない不良物件になってしまいます。

ただし、これも専門の不動産業者やコンサルタントなどの力によって優良物件に変わる可能性があります。

本家・分家が所有する土地のイメージ

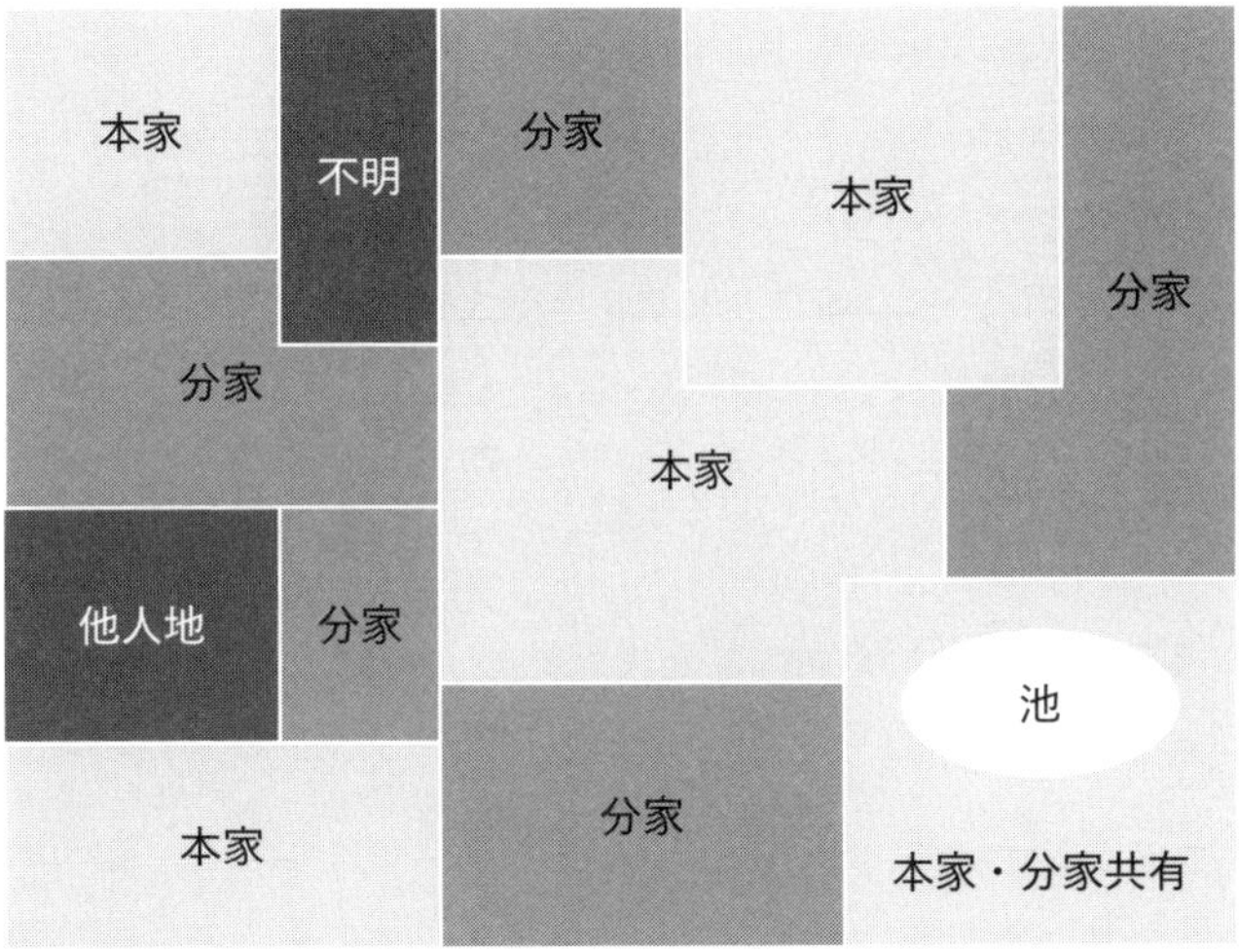

相談者（54歳）は市街地に約5000坪の農地を所有しています。生産緑地ですが、この土地はすべて相談者のものではありません。相談者は本家筋ですが、もう1つ分家筋である相談者の従兄の家が所有している土地が半分ほどあります。それが細かくパッチワーク状に存在しているのです。一部ですが、所有者不明の土地や池のある共有地もあります。

このままで相続となると必ず問題が出るでしょう。いずれにしても両家共に将来にわたって農業を続けていく意志はないようです。従って8年後に生産緑地の指定が解除されるのを機に、宅地などへの転用が一番の選択肢にはなりそうです。幸いなことに近隣は市街地です。駅からも比較的近く、宅地となれば相当な引き合いが期待できます。

しかし、ただでさえ複雑な権利関係のある土地です。かじ取りを誤るとさまざまなトラブルが生じかねません。本家、分家の両家族の関係性まで損なうことにもなり得ます。

■土地活用のメリットやリスクを共有し認識を高める

このように所有権が複雑な土地を整理する場合、まず大事になるのが利害関係者間で現況の認識を共有すること。土地活用の方向性を共有することです。

それによって分筆や合筆、交換などがスムーズとなり、共有道路の設置など宅地化に向けてのさまざまな計画を立てることができます。土地の価値を上げると同時に、将来の相続対策も行うという共通の目標があれば、互いに協力し合うことが可能になるのです。

今回のケースでは生産緑地の義務期間が切れるまで残り8年という猶予がありました。まずは2家族を集めて説明会を開き、土地の活用に関して理解を深めてもらいました。

現状のまま生産緑地の解除を迎えても土地の価値は低いままですから、銀行からの借り入れなども難しい。将来の見通しも立てづらい。やはりここは専門家である不動産業者、コンサルタントのサポートが大いにプラスになるでしょう。

■接道などの環境を整えて土地活用の青写真を描く

まずは土地を将来どのように活用するかの青写真をしっかりと描くことです。しっかりと土地を測量し、その土地の状態を把握する。土地の境界線を明確にした上で、この土地を将来どのように活用するべきか？　宅地として分譲するのか？　あるいは広い土地を活用して介護施設などを作れるような土地にするのか？　将来、配偶者や子どもが相続するときに、どのような形にしておくことが一番望ましいか？　これらを考慮してトータルな計画を立てるのです。

立地や利便性を考えて、大きな方向性と戦略を立てる。それに基づいて地主間で合筆や分筆、交換などを行って土地を整理していく。ちなみに今回のケースでは、本家筋と分家筋が協力し合い、将来的に宅地化を目指すことで合意しました。その上で現在、不動産コンサルタントが中心になり、土地の整理と接道の敷設計画の提案など、宅地化への長期的な取り組みを進めているところです。

権利の入り組んだ複雑な土地ほど、長期的な戦略に基づいた、先手先手の不動産活用&相続対策が必要かつ有効なのです。

【事例提供者】株式会社エスクリエイト　笹倉　太司

Point

複数の所有者が絡んだ複雑な土地を再活用するには、所有者による活用に向けての方向性やビジョンの共有が不可欠です。継続的にコミュニケーションを取り、ウィンウィンの結果を目指す努力と姿勢が大事です。また長期的にサポートしてくれる不動産相続のプロを選定することもポイントでしょう。

事例
21

変形地やトラブルの多い土地も、プロに相談すれば糸口が見つかる

ご相談

親から相続した田畑がたくさんあるのですが、相続税を払うための現金資産が少なく、しかも土地は変形地で周囲の地主とトラブルを抱えています。できれば宅地化して売却したいのですが状況的にどう考えてもうまくいく感じがしません。どうすればいいでしょうか?

解説

■変形地&トラブル続きの土地は売れない!?

相続した土地が変形地だったり、近隣とのトラブルを抱えていると、「どうせ売れないだろう」とか、「調整が無理」とつい決めつけてしまいがちです。有効利用はおろか売却もできないと最初から諦めてしまう人もいます。

素人が考えると困難な問題物件も専門の不動産業者やコンサルタントにかかれば、思わぬ方法で解決されることも多いのです。

この相談の内容はその典型といってよいでしょう。被相続人の父親は最近亡くなり、相続人である長男（54歳）が土地を相続しました。現金資金が少ないため、できれば売却したいのですが、その土地が変形地であることで難しい。さらに近隣地主とのトラブルを抱えていることなどから、相談に来たということです。

■実測と聞き取りで問題を洗い出すことで解決の糸口が見つかる

このようなケースはまずその土地がどのようなもので、どんな問題を抱えているのかをしっかりと把握しなければなりません。そこで問題の長男が相続した農地を実測しました。いわゆる変形地１７０坪です。

図の上の部分が別の人の所有している農地で、この持ち主のＫさんとの間で何かとトラブルがあったそうです。上部の境界線部分に農業用水路があるのですが、相談者は自分の土地にあり、所有しているものだと考えていました。ところが正確に測量したところ実はＫさんの土地でした。

このような基本的な認識の違いが、トラブルの原因になっていたのです。

Ｋさんにも詳しく聞き取り調査をしました。Ｋさんの土地は未接道地で、再三にわたり相

イメージ図

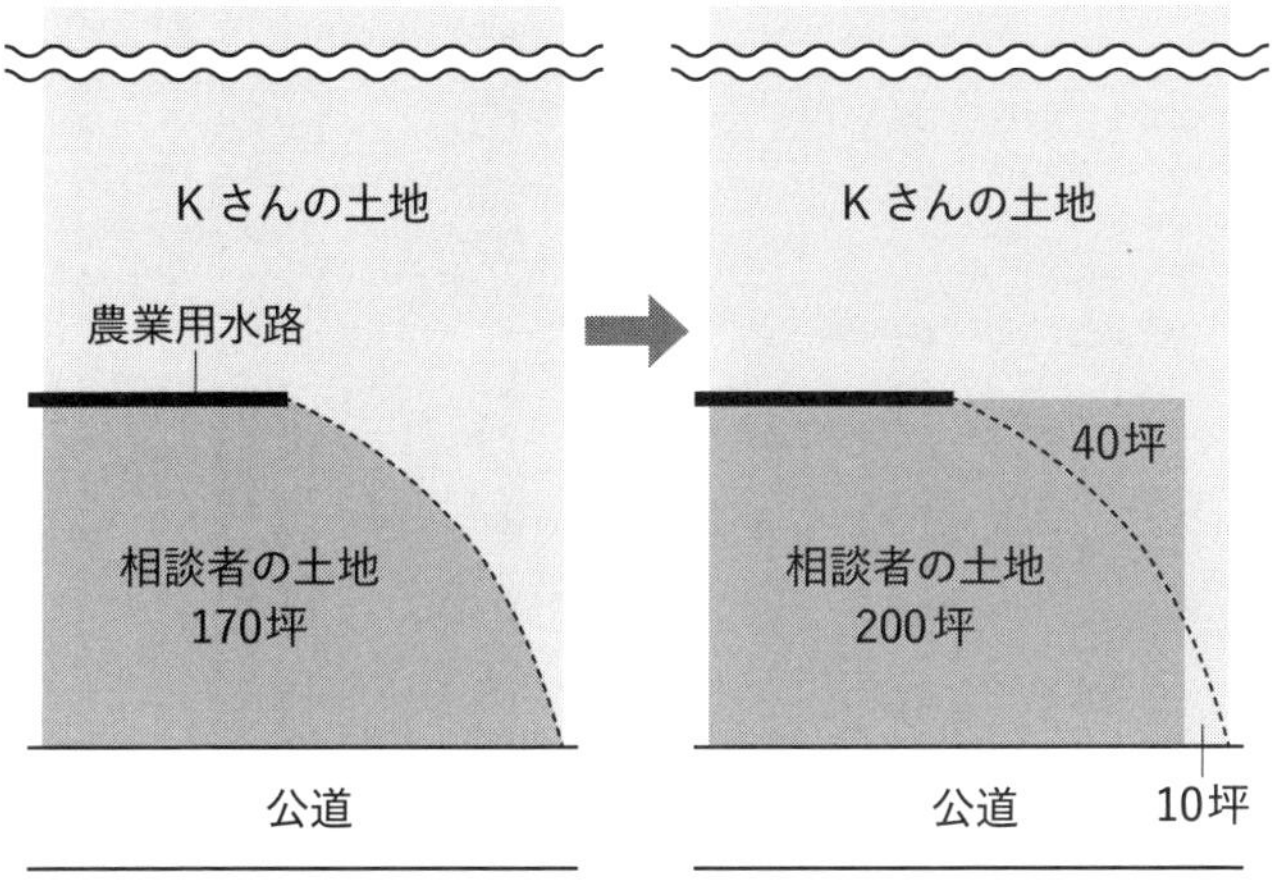

談者の父親と交渉してきたのですが全く応じてもらえず、それが関係性を悪くしていたことも明らかになりました。

そこでKさんの土地が接道地になるよう、相談者の土地の道路に面している約10坪とKさんの土地の一部（約40坪）を交換する提案をしました。これによってKさんの土地が念願の接道地になると同時に、相談者の土地も変形地からほぼ四角形の土地に変わります。

10坪と40坪の交換で、しかも以前から関係が悪かった間柄ですから本来なら難しい提案だと思います。ところがKさんは意外にもすんなり了解してくれました。それだけ接道に対する思いが強かったということでしょう。

さらに農業用水路をこちらの費用で整備してKさんが使いやすくし、それぞれの不動産価値が上がるようにしました。

周辺とのトラブルが解消されるとともに、変形地は200坪の宅地として売却することができたのです。

■不動産相続のプロが間に入ることでトラブルを解決

変形だったりトラブルがあったりと、普通に考えるとまともな形で売れないと考えてしまう土地も、不動産相続の専門家などが間に立つことで不動産価値を一気に上げることができます。

変形地を近隣地主との交渉によって分筆、合筆、交換することで宅地化しやすい土地に変えるのです。その際の大前提は近隣地主とのコミュニケーションと交渉力ですが、素人とプロではまずここで大きな違いがあります。

またトラブルがある場合もその当事者でなく第三者が間に立つので、冷静に交渉することが可能です。その上で相手にとってもメリットがあるよう、ウィンウィンの提案ができるのもプロだからこそです。
さまざまな理由でアンタッチャブルになっている土地、売れないと諦めている土地でも、このように第三者であるプロが介入することで一気に状況が変わり、利益の出る物件になり得るのです。素人考えで早まった対応をしてはいけません。ぜひ不動産相続の専門家や不動産コンサルタントに相談されることをお勧めします。

【事例提供者】株式会社エスクリエイト　笹倉 太司

Point

常識的にみて不利な土地や、トラブルの多い土地であっても素人判断でダメだと決めつけないことです。不動産のプロの手腕によって、それが大きな利益を生む優良物件に変わることも少なくありません。諦めず信頼のおける業者に相談することがポイントです。

事例
22

未接道の農地を高く売れる土地に変える方法

ご相談

親から譲り受けた田んぼがありますが、私自身は高齢で農作業もできません。配偶者と子どもがおらず、もし私が亡くなれば、兄やその息子（甥っ子）が相続することになります。未接道の農地は簡単に売却できず、相続させることは迷惑です。売却したいのですがおそらく買ってくれる人もいないでしょう。どうしたらよいでしょうか？

解説

■未接道地のままでは宅地化は不可能

ご存じの通り宅地には「接道義務」があります。住宅など建築物の敷地は、原則として幅員4m以上の道路に2m以上接していなければなりません（建築基準法43条）。この要件を満たしていない土地は宅地として認められず、新たな建築物を作ることはできません。

一方で農地には接道義務はありません。問題はそんな未接道の農地を相続したり、させたりする場合です。未接道地なのでそのままでは宅地として売却することはできません。下手に子どもに相続させることもできないと悩んでいる人も多いと思います。

この相談者の場合は市街化区域内に約500㎡の農地を所有していました。親から譲り受けた土地で田んぼをやっていましたが、最近は高齢のため耕作はしていません。相談者には配偶者と子どもがおらず、兄と兄の息子が2人います。このままだと兄やその子どもたちにマイナスの資産を残すことになってしまいかねない状況ですが、売却しようにも未接道地に買い手がいるかどうかもわかりません。相談者としては、ただでもいいからもらってくれる人がいれば、というくらいの気持ちだったようです。

■未接道の農地を売却する方法

未接道の農地を売却するには宅地化して売却することが一番の解決策です。ただし、「農地の宅地転用」は農地法による制限があり、一定の条件をクリアしなければなりません。

今回の相談者の場合は市街化区域内だったため市の農業委員会への届出が必要ですが、農業委員会の届出の前に水利組合長や生産組合長（※地域によって異なる）に相談をしなければなりません。今回は水利組合長および生産組合長へ宅地計画の説明（主に雨水計画）と協力金の合意の後に農業委員会へ届出を行いました。以上が農地法に基づく農地の宅地転用の手続きとなります。

■近隣の土地を購入、交換することで接道地に変える

実際に宅地化するには、前にお話しした建築基準法の接道義務を満たしていなければなりません。いかに未接道地を接道地に変えるか？　ここは不動産のプロの腕の見せ所です。

このようなケースで一般に行われるのが近隣の接道地の一部を買い上げたり、自分の所有している土地の一部と交換することで、道路との接地を確保するという方法です。

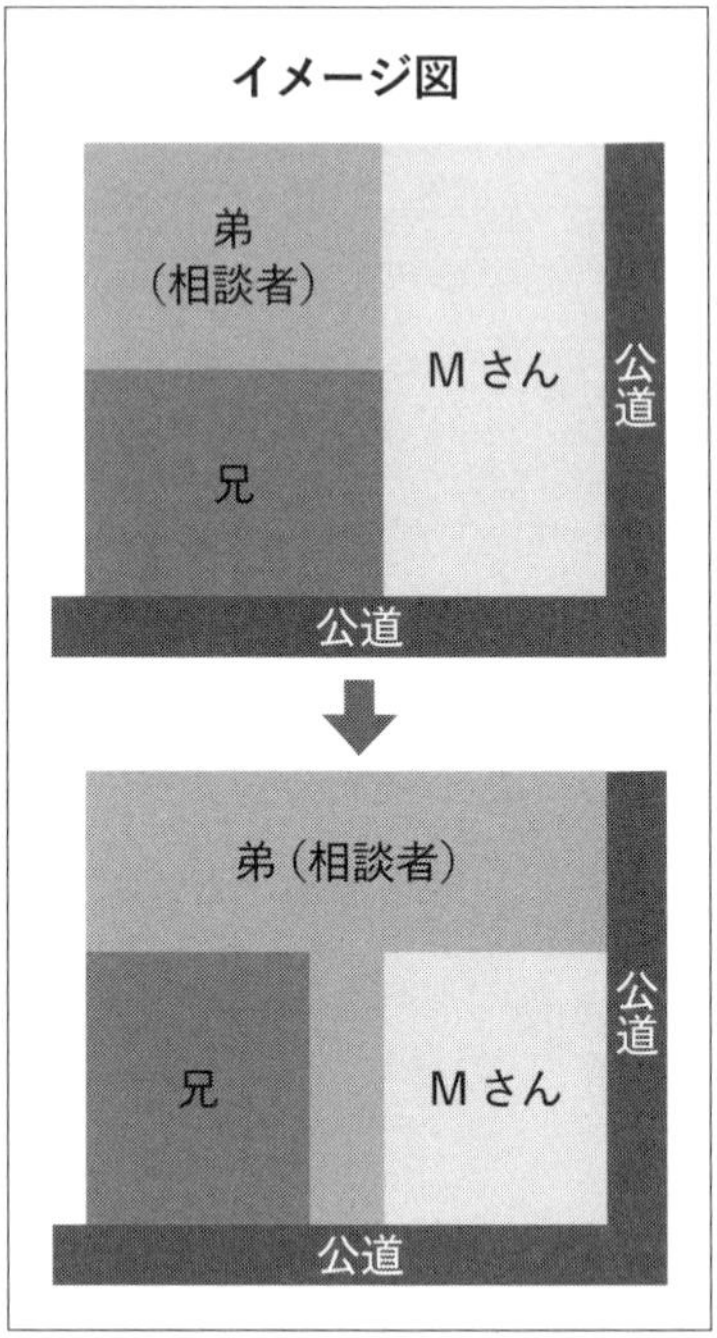

この相談の土地は相談者の兄の田んぼと隣接していました。もう1つ、Mさんの土地にも接していました。どちらも接道している土地でしたから、いずれかの土地を買い取るか交換することで、相談者の土地を接道地に変えることが可能です。

相談者はお兄さんとの関係性が良かったので、あえて他人のMさんにお願いするより身内であるお兄さんと交渉することにしました。

結果として兄の土地と弟である相談者の土地を図のように等価交換し、弟の土地を接道地にすることができました。さらにMさんもちょうど土地の売却を考えていたため、その土地260㎡分を一緒にして、760㎡を宅地として再生することができたのです。

相談者はそれこそ二束三文でも売れればいいと思っていた土地が、宅地として販売でき、思わぬ売却益を得ることができました。それによって老後の資金の準備ができると同時に、マイナス遺産を残すリスクを消すことに成功したわけです。

【事例提供者】吉永建設株式会社　正門 元気

Point

未接道の農地だから売却できないと諦めるのは早計です。近隣の土地所有者と交渉し、接道ができるように土地を買うか、交換するなどすれば接道地に変えることができます。さらに農地転用は地域ごとに独自のルールがあり、その地域での事前調査も必要です。いずれにしても独自の交渉は難しいので、不動産のプロに相談することをお勧めします。

ご相談

資産価値の高い不動産を所有しているが、手元に余裕資金が少なく生活に不安

母が高齢の叔母と実家で同居していますが、資産価値が1億円程度と高い割には現預金が少なく、生活に不安がある状態です。将来の相続も見越して売却して転居すればいいのですが、叔母がこの家から離れたくないと言っています。将来に向けてどう準備すればいいでしょうか？

解説

■手元の余裕資金がなく将来が不安な場合は事前対策が重要

相談者は結婚して親元から離れて暮らしている次女の方です。母親（70歳）が実家で叔母（90歳）と同居しているのですが、政令指定都市の一等地のため100坪ほどの物件ながら資産価値は1億円を超えています。そのため固定資産税が高いのですが、母親自身は現預金が少なく、年金だけが頼りで、日々の生活に不安がある状態だといいます。

このようなケースでは現在の生活資金の確保と将来の相続対策を考えます。

手元資金を確保する方法として「単純売却」「リバースモーゲージ」「リースバック」などが考えられます。今回のケースで、「単純売却」には手元資金が確保できるというメリットがありますが、住む場所がなくなるといったデメリットもあります。また「リバースモーゲージ」や「リースバック」には当面の住む場所は確保できるというメリットがある一方で、単純売却に比べ取引価格は低くなることが多いというデメリットがあります。今回の一番の問題点は手元資金が少ないことなので手元資金を確保する対策が必要ですが、どの選択をするかはメリット、デメリットを踏まえた上で将来の相続まで考えた対策が必要になります。

■認知症リスクには後見制度と家族信託

実は今回の相談者の母親はうつ病を患っていて、母親の認知症リスクも考慮しなければなりません。

認知症対策の一般的な方法として①成年後見人を立てる、②家族信託の2つの方法があります。①の成年後見人ですが、こちらは大きく2つの形があります。1つは本人がまだ認知症になっていないうちに本人の意志で後見人を指名し契約する「任意後見制度」です。もう1つは「法定後見制度」です。すでに本人が認知症と診断されている場合で、家族が家庭裁判所に申請し、裁判所が諸事情を勘案した上で後見人を指名するものです。家族や親族の誰かが選ばれるケースもありますが、一定の資産がある場合や法的な問題が内在している場合には司法書士や弁護士などが指名されます。

いずれにしても成年後見人を立てることで、被相続人の財産は保全されることになります。しかし、あくまで財産保全が一番の目的ですから、活用のために売却することは基本的にできません。

②の家族信託の方は本人が認知症と診断される前に手続きをする必要があります。これは本人（委託者）がいざという時のために財産の管理と処分を家族の誰か（受託者）に任せる方法です。これによって委託者が将来認知症などになったとしても、受託者の判断で財産をしかるべく管理、運用、処分できるということです。

■家族信託のメリットと注意点

この家族信託は、高齢化で認知症が増えている現在、大いに注目されている制度です。後見人を立てると被相続人の財産は凍結されてしまいます。そのため、積極的な資産運用や、暦年贈与等による相続税対策をすることが困難になります。

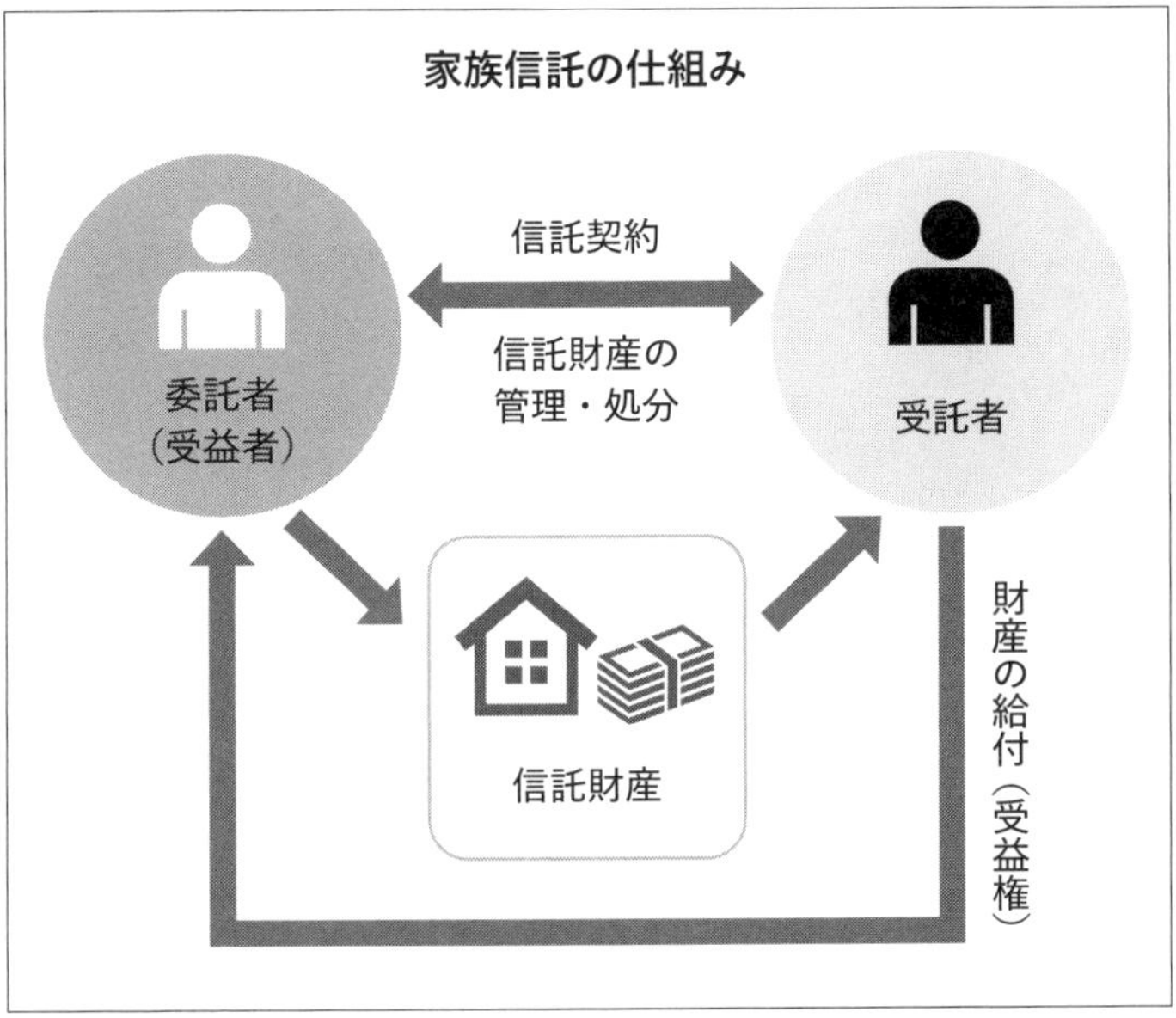

家族信託であれば受託者による判断で、財産をうまく管理、処分できます。子どもなど周囲の人たちに金銭的な負担を負わせることを避けることができるわけです。

また、いざ被相続人が亡くなった場合も、この信託で財産の承継について取り決めをしておくことで、遺産分割協議などが不要になります。よりスムーズな遺産相続ができるのも家族信託のメリットといえるでしょう。

家族信託を結ぶにはしかるべき管理のルールなどを定め、信託契約書をまとめる必要があります。その上で不動産について法務局に信託登記を行い、併せて信託口口座を開設する必要があります。このため手続きが煩雑であり、被相続人も含めて家族の誰かが理解不足だったり非協力的だと、そもそも信託契約を締結すること自体が難しいということがあります。

■売却した家で生活できる「リースバック」とは？

もう1つ、今回のケースで問題になったことが、90歳の叔母が転居を拒否しているということです。特に高齢者にはこのような人が多い傾向があります。長年住んでいる実家から離れたくない。いまさら慣れない土地や家で生活したくない。引っ越し自体がおっくう……。

このようなケースで選択候補になってくるのが「リースバック」です。

これは所有している不動産を売却した後も、買主と賃貸借契約を新たに結ぶことで、同じ物件に家賃を支払うことで居住を続けられる制度です。

いったん売却しますから、その時点でまとまったお金が手元に入ります。それによって生活の不安が回避できると同時に、病気の治療や施設の利用など、ある程度まとまったお金が必要な場合の準備ができます。老後の生活を考えたときに有用な方法だといえるでしょう。

しかし、リースバックを活用した場合、住む期間と家賃によっては、払い続けた家賃が不動産の売却価格を上回ることもあり、リースバックを活用するかどうかは、ご家族とも相談して、慎重に判断することをお勧めします。

【事例提供者】株式会社エヌライフエステート　能美　誠俊

Point

資産価値がある不動産を所有しているが手元資金が少ない場合は、手元資金を増やす対策が必要です。どの選択をするかはメリットとデメリットを踏まえた上で将来の相続までを考えた対策を取るべきです。また認知症になってしまうとできることが限定されるので、被相続人が元気なうちに早期の対策が必要です。早期対策の1つとして財産管理の自由度の高い家族信託も一考する価値があります。

事例
24

節税対策として不動産投資を選択する前に、ROA診断による資産の分析を行う

ご相談

父が所有する土地にマンションを建設するという話が持ち込まれました。父は高齢で、しかも相当な資産を持っているので、相続のことを考えてというのはわかっています。しかし、いくらハウスメーカーが節税対策になるからと言ってきても、いまさら本人がローンを背負ってまでこの話に乗ってしまって大丈夫なのでしょうか?

解説

■相続税対策に大型マンション建設は諸刃の剣

たくさんの土地を持つ資産家には、節税対策として土地を活用して大型マンションなどを建てないかという提案がハウスメーカーや不動産業者、銀行などから持ち掛けられることが多いようです。

ただし、不動産投資、特に多額の借金を抱えての大型マンションの建設は諸刃の剣と言えます。節税は可能になるかも知れませんが、毎月のローンの支払いが残ります。またマンシ

ョンとなれば管理費や維持費などに多くのお金が必要になります。長期的に見て、果たして最善の選択かどうか、慎重に判断する必要があります。

このケースはまさにその典型的事例でした。広い土地やマンションなどたくさんの不動産を持ち、当時の路線価などから試算した評価総額はおよそ20億円、相続税も概算で9億円ほどにはなりそうという、かなりの資産家です。この方が保有する砂利敷きの駐車場に目をつけたハウスメーカーから、その土地に5億円規模の大型マンションを建てないかという話が持ち掛けられたのです。ただ、家族としては、わざわざ融資を受けてまでマンションを建てる必要があるのかという疑問がわきました。多額の借金をすることが気がかりとなり、第三者の意見と、他の適切な節税対策を求めて、ご家族が相談に訪れたのです。

■土地や資産が多い場合はROA診断をすることが先決

このような場合、まずROA診断（事例17参照）をして、不動産と金融資産を洗い出すことが先決です。

そもそも不動産の価値は、一般の人にはなかなかわからないものです。一概に広い土地とはいっても、なかには問題やトラブルを抱えている土地、思うようには売れない不良物件もあるかもしれません。相続が発生した場合、どれぐらいの相続税が必要となるのか？　それを支払うための金融資産があるのか？　なければ一部土地の売却も考えなければなりません。そこで多くの不動産を所有している人ほどROA診断をして、不動産の棚卸しをする必要があるわけです。これにより、土地や建物の収益性を算出し、土地が分割しやすいかどうか、換金性が高いかどうかも具体的な情報として手に入れることができます。

■節税対策にはまず不良不動産を売却し優良不動産を残す

この相談者も早速、ROA診断で手持ちの不動産を分析しました。すると持っている不動産は、山がちで斜面に広がる土地が多いことがわかりました。面積の計算による評価額では1億円程度の金額がつく土地でも、実際に宅地としてみれば1000万円程度の価値というところも多くありました。

節税対策として不動産を処分するのであれば、優良不動産よりも不良不動産を売却して固定資産税の対象を削っていくのが常道です。実際にこの手法により、当初約9億円と算出された相続税も5億円ほどに下げることができたのです。

結局、優良資産と評価できたのは、この砂利敷き駐車場だけということがわかりました。この土地にマンションを建ててしまうと、仮に相続が発生した場合、相続税を支払うために現金化できる唯一の不動産になってしまいます。それが明確になったため、契約後でしたが、手付金放棄によって節税のためのマンション建設にストップをかけたのです。

こうして駐車場となっている土地が優良資産として残りました。この土地はかなり広大で、戸建てなら何十棟かを建築できるぐらいの広さがありました。もし一戸の巨大なマンションにしてしまうと、相続が発生した際には分割しにくく、また売却するにしてもマンション付きのその土地を全部売るという判断しかできません。しかし更地のまま、もしくは戸建ての建築をすれば、部分的な切り分けが容易で、相続税として換金する上でも必要な分を売却し、あとは資産として残しておくという方法がとれます。

このように節税をするために、あえて巨大なマンションを建てなくても、小さいアパートや戸建てにして個数を持っている方がフレキシブルな節税対策が展開できます。

実際、その後お父様は亡くなったのですが、優良不動産をそのまま残しておいたことで、たくさんの買い手が名乗りを上げ、ご家族は、当初の相続税評価額より約2・5倍の価格で売却することができたのです。

最後に、不動産を相続する際には納税資金が必要です。もしそのお金が用意できなければ、持っている不動産を売却して資金を捻出しなければなりません。そのためにも、あらかじめROA診断を行って、どれぐらいの不動産と金融資産があるのかをきちんと把握し、土地の相続税評価額と時価との乖離をつかんでおくことが大切です。

【事例提供者】日経管財株式会社　大川　日出幸

Point

広大な土地を持っていても、実際の土地の市場価格はなかなかわかりません。また、さまざまな問題を抱えている土地であるかもしれません。相続対策にはまずROA診断を行い、資産の棚卸しが先決です。それによって不良不動産は処分し、優良不動産だけを残すのが相続対策の基本だと考えてください。

事例
25

使い勝手の悪い物件は更地にして売却をまず検討する

ご相談

叔父の残した390坪の土地を叔父の姉である母親が相続しました。ただ、広い敷地の真ん中に平屋が建っている物件で、どう利用すればいいか悩みます。公図を調べたら現況と異なる公衆用道路があり、それも問題になりそうです。どうしたらいいでしょうか?

解説

■使い勝手の悪い物件だが土地の価値が高い場合

せっかく一等地でも、建物が古いとか建っている場所が良くないなど、物件としてそのまま使うには問題がある場合があります。

このような物件を相続する際、一番に考えるのは更地にして売却を検討することです。

相談のケースがまさにこの例にあたります。相談者の叔父(70代)が亡くなり、その物件を母親が相続しました。母親は被相続人の姉にあたります。

叔父が持っていた土地は390坪という広大な土地でした。この広い土地と建物をどうするか？　築17年だったので、少しリフォームすればそのまま利用することは可能です。ただ、叔父が住んでいた家は平屋で1人暮らし用の造りで、広い土地の真ん中にポツンと建っていました。周りは大きな庭で、ちょっとした杜のようになっています。移り住むにしても、賃貸に出すにしても使い勝手が良くない物件でした。

管理するといっても相談者の母親の家は遠く、頻繁に通うことは難しい。ただ、そのままにしておくと広大な庭は手が入らないまま荒れてしまい、環境的にも治安的にも良くありません。

このような物件に対して、プロとしてまず勧めるのは更地にして売却することです。これだけの広さがあれば、買い取る側としても分譲地にするなど利用価値は高いものがあります。

ちなみに、相談された土地はそもそも市場価値が非常に高く、再利用にはもってこいの場所でした。市内線という電車が走っている沿線で駅近であり、近くには大きな公園がありま す。また目の前には病院があり、その意味でも利便性が非常に良い場所でした。

買い取って造成して分譲地にすれば良い条件で売れる土地ですから、当然売却すれば相応の売却益が見込めます。

そのままだと使い勝手が悪いが立地は良いという物件は、更地にして売却し現金化することを考えるのがよいでしょう。現金化することで相続税の問題もクリアできます。残ったお金は自身の現金資産、余裕資金として確保することができます。

■公図を調べてわかった公衆用道路の存在

ただ、今回のケースですが、この土地の公図を確認したところ、現況にはない農道があることがわかりました。この農道は公衆用道路で一般の人も普通に通ることができます。このままだと宅地化や分譲する際の妨げとなります。

公衆用道路は、個人、法人、市町村のいずれかが所有しています。この農道は被相続人の所有地ではなく市の所有地でした。そこでしっかりと測量を行った上で、この農道と被相続人の他の土地の一部とを等価交換することを提案したのです。公図の書き換え作業も行いました。これで完璧な優良な宅地となったわけです。

実は現況と公図が違うということは、ままあることなのです。不動産の相続にあたっては公図を確認し、その上でしっかりと測量を行うことをお勧めします。

公図は日本中の地形、地番、道路や水路などを示した図面で、法務局で扱っています。日本全国の登記所やインターネットで登記情報提供サービスがあり、所定の料金を払えば誰でも日本中の公図を取得することができます。

【事例提供者】タカノ興発株式会社　柴田　いづみ

Point

相続した土地は利便性や価値などを考慮して、そのまま建物も保持して利用するか、賃貸住宅などに建て替えて賃貸経営をするか、あるいは更地にして売却するかを判断します。いずれにしても公図を取り、現況と併せて確認し、違いがあればそれを調べておくべきでしょう。

第4章

親の認知症や健康に不安が出たら、相続対策は待ったなし!!

事例
26

養子縁組制度を利用して財産を渡したくない相続人の法定相続分を減らす

ご相談

不動産運用の失敗で多額の借金をつくってしまった息子が、妻や両親を捨てて家を出ていきました。その際に、不動産管理に必要な書類や印鑑も持ち出してしまいました。相続の時、この息子に財産を渡しては損をするだけと、息子に相続させないつもりです。どうすれば効果的な財産分与を行えるでしょうか？

解説

■息子の起こした借金トラブルにかかわりたくない

この一家は、自宅と土地、賃貸マンション2棟、倉庫、農地などたくさんの不動産を持ち、金融資産もある程度の額を持っていました。資産運用の一環で、一部の資産は名目上息子の妻（嫁）のものとなっていますが、実質の資産管理は息子が行っていました。

ところがその息子が、ある業者にだまされて1億円以上の借金をつくってしまいます。息子は借金返済の原資として、両親の財産相続をあてにし始めますが、それに対して両親と嫁が反対し、トラブルとなります。結局、息子は通帳や印鑑などを持って家を飛び出してしまいました。

この時点で、家族としては、息子は「もういない者」として、「息子には相続させない」と決心しています。そこで、法定相続を逆に利用して息子に極力財産がいかないように工夫したのです。

■遺言書がなければ適用される法定相続の仕組み

法定相続とはその名の通り、法律で決められた相続の分割方法です。基本的に以下のようになります。

配偶者（仮に夫とする）が亡くなって

・子どもがいる場合➡妻1／2、子1／2
・子どもがなく、夫の父母がいる場合➡妻2／3、父母など1／3
・子どもも夫の父母もおらず、夫の兄弟がいる場合➡妻3／4、夫の兄弟1／4

法定相続人と法定相続分

相続順位	法定相続人と法定相続分	
第1順位 配偶者と子どもが相続する場合	配偶者 1/2	子ども 1/2 を人数で分ける
第2順位 配偶者と父母（直系尊属）が相続する場合	配偶者 2/3	父母等 1/3 を人数で分ける
第3順位 配偶者と兄弟姉妹が相続する場合	配偶者 3/4	兄弟姉妹 1/4 を人数で分ける

※相続人となるべき子どもや兄弟姉妹が相続開始前に死亡しているときは、孫や甥・姪が代わって相続することができる（代襲相続）。

このケースでは、父親が亡くなったとした場合、その妻（義理の母）が1／2、息子が1／2を相続することになりますが、息子に1／2を渡したくないことから、子どもの数を形式的に増やす方法がとられました。子ども分の1／2は、子どもの数で分割されるため、子どもが多ければ多いほど、1人にわたる財産は減少するのです。これが養子縁組を使って、1人あたりの法定相続分を減らすというテクニックです。

息子の嫁は、そのままだと息

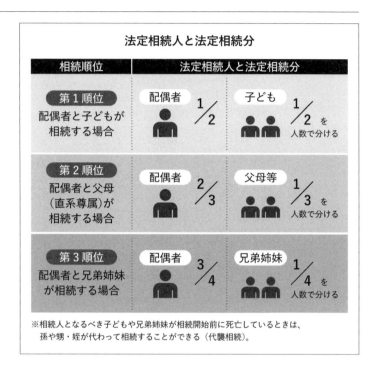

子の配偶者となりますが、両親にとって血縁関係のない嫁を養子に迎えることで、嫁は息子と対等の立場になります。このケースでは、さらに息子の子、つまり両親の2人の孫も養子縁組をしたため、息子に加えて嫁と孫2人の3人が、さらに「子ども」として相続のポジションを上げました。子どもの相続は、基本的には全財産の1／2を頭数で分割するため、本来息子に1／2いくはずだった資産が、1／2×1／4＝1／8となり1人分の分け前を大きく減らすことができたのです。

現時点では母親は1／2を相続することとなっており、母親が亡くなったときには、それをまた子どもたちの数で分割することになります。すると息子にも財産が分割されることになるので、それを阻むために、母は公証役場で正式な遺言書をつくり、息子には財産がいかないように決めました。

■養子縁組で相続の基礎控除額を増やす

養子縁組は節税対策としてのメリットもあります。

相続税を計算する場合、税の基礎控除という非課税枠があります。基礎控除額は3000万円＋（600万円×法定相続人の数）という式で計算されます。このケースでは、母、息子と嫁、そして孫2人の計5人の法定相続人がいますが、基礎控除額の計算において法定相続人の数に含めることができる養子の数は、被相続人に実子がいる場合には原則1人までとされていますから、3000万円＋600万円×3人＝4800万円の基礎控除額となります。養子がいない場合よりもいる場合の方が基礎控除額は大きくなるため、養子縁組は節税対策の1つとしてよく行われています。

相続において、血縁関係があるかないか、また親等の順位はどれぐらいかという点は重要視されます。そのポジションによって、法定相続の配分が変わってくるからです。法定相続人の数が増えると、その分相続する資産が減少するので、それに対する相続税や固定資産税も、丸ごと相続するよりは大幅に減額されます。このように養子縁組の仕組みを利用して資産を小分けにすることも、全体的にみれば節税対策としてとても有効です。

なお、養子縁組には「普通養子縁組」と「特別養子縁組」の2つがあります。前者は一般的に行われるもので、誰かの養子になったとしても、実の両親とは縁が切れないので、実親の財産を相続することができますし、書類の提出だけなので簡単に養子縁組が行えます。一方の特別養子縁組は、例えばDVなど親と本当に縁を切りたい人たちのための仕組みなので、養子になった段階で完全に関係性はなくなります。それだけ大きな決断となるため、家庭裁判所を通しての手続きとなります。そのため、相続対策として特別養子縁組を行う必要はありません。

こうして、財産を与えたくない者に対して実際に与えない、もしくは最小限にとどめる方法を使い、このケースは両親と嫁の間では一段落しました。その後、実際に父親が亡くなり、前述の方法で遺産相続をすることになりました。そのすぐあとに母親も亡くなったため、遺産は息子を除く子どもたちに分配されました。ただし、本来もらえるはずだった遺産を相続できない不満から、遺留分侵害額請求という方法で金銭的な請求が息子から来ることは想定されています。遺産相続の争いはもうしばらく続きそうです。

【事例提供者】株式会社ＫＥＮ ｂｒｉｄｇｅ　野田　直希

Point

資産を相続するときの節税対策の1つが養子縁組です。法定相続人の数が増えれば増えるだけ、基礎控除額が大きくなる、有効な節税対策です。一般的な養子縁組の手続きは書類の提出だけで簡単に行えますから、相続する資産が多い場合は、状況に合わせて養子縁組を検討してみてもいいでしょう。

事例
27

被相続人が突然倒れた！タイムリミットが迫るときの相続対策

ご相談

土地を売ろうとしていた父親が病気で倒れて入院、そう長くはない可能性が出てきました。認知症の心配もあります。認知症になると資産が凍結されると聞いたのですが、相続についてはどうすればよいでしょうか？

解説

■認知症と診断されると不動産の売買ができなくなる

高齢の両親が認知症と診断され、意思疎通や正常な日常生活が困難になると、契約などの法律行為ができなくなり、不動産の売買や名義変更もできなくなります。

例えば、認知症の父親を介護施設に入所させる費用を捻出するために使わなくなった実家を処分しようとしても、実家の土地建物が父親名義であった場合、配偶者や子どもが売買することはできません。父親がアパート経営をしていた場合は、建物の修繕をしようとしても、父親の認知症が理由でそれができず、アパートの経営がとても苦しい状態になることもあります。また不動産の売買や名義変更ができないわけですから、事前の相続対策も行うことができません。

このように、一度、認知症と診断されると、一部の例外を除いて資産は凍結され、動かすことができなくなります。あとは親が亡くなるまで塩漬けにするか、成年後見人を立てて、資産の保全を行うしか選択肢がなくなってしまうのです。

■認知症対策は「家族信託」を検討する

今回の相談では被相続人は会社経営者で、相当な資産を持っていました。自宅の隣の土地を売却しようと業者に相談した直後、持病が悪化して倒れ、残念ながらもはや退院は難しいという状況になったのです。父親が意思疎通をできるうちに、相続の相談をしておくことになりました。

このケースでは、口座凍結を避けるために「家族信託」という方法を選択しました。

家族信託とは、相続者本人が認知症や病状の悪化などで資産管理ができなくなった場合を考慮し、あらかじめ家族に不動産や金融資産などの管理を託す仕組みです。このとき資産を残す側を委託者、財産の管理や運用をする者を受託者といいます。この場合は父と長女が家族信託契約を結ぶことになりました。これによって長女が財産の管理を行うことになりました（事例23参照）。

最初に手を付けたのは、実際にどれだけの財産がこの家にあるのかという調査です。そこで『相続財産分析』を行ったところ、自宅と土地の相続税評価額は合計で約2500万円、預貯金は約4000万円、生命保険が600万円あることが判明しました。

資産を明確に把握したところで、信託手続きに入ります。家族信託をする際には、信託契約書を作成します。信託契約書には、私文書と公正証書の2通りの作成方法がありますが、銀行で委託者の信託財産を預ける信託口口座を作る際に、公正証書を求められるケースがほとんどですので、公正証書で作成する方がよいです。家族信託については、税金面など専門的な知識が必要となりますので、その分野の専門家の協力のもとで進めることをお勧めします。

■「家族信託」の見逃せないメリットとは？

ところが、このケースでは問題が発生しました。というのも、公証役場に面談予約をしている間に父親の病状が急変し、亡くなってしまったのです。入念な準備をしていたにもかかわらず、家族信託は成立しませんでした。

ただ、この準備段階で『相続財産分析』を行い、家族の間でどのように遺産を相続するか十分に相談してあったおかげで、その後、遺産分割の手続きはスムーズに進みました。

結果的にここでは家族信託は行われませんでしたが、父親が倒れた段階ですぐに家族信託の案が浮上し、遺産分割のイメージが相続人たちの間で整理されていたことが幸いしたわけです。これは家族信託を組成する段階でROA分析（事例17参照）を含めた『相続財産分析』を行ったことによって、父親が亡くなった後も相続人がスムーズに進めることができた大きな要因です。

【事例提供者】株式会社ホームスター　植西　晃典

Point

認知症はあっという間に進行してしまうことも多い病気です。認知症と診断されれば口座の凍結、不動産売買ができなくなるなど、数々の困難が立ちはだかります。本人に代わって身内が資産管理を行う家族信託は、本人の意思が反映しやすい生前対策の1つかと考えられます。

事例
28

認知症が深刻化したらもう遅い。家族信託の活用で安心できる相続と資産活用を

ご相談

母親に最近、認知症の症状が出てきています。相続対策を急がなければと思っていたところ、母の公正証書遺言が信託銀行に預けられていることがわかりました。どうも旧知の信託銀行に勧められたようです。しかし、今後のことを考えると、母もこの遺言を撤回し、子どもたちに任せたいと言っています。母と家族が納得する相続をするためにはどうすればよいでしょうか？

解説

■認知症で判断力がなくなると遺産相続に悪影響が

総務省の2023年統計によると、日本における65歳以上の高齢者率は29・1％、世界でもトップクラスの高齢社会です。また厚生労働省は、2025年には認知症の高齢者が約700万人になると推測しています。65歳以上の高齢者の5人に1人が認知症になる統計が出ています。物事の判別がつきにくくなってしまうと、さまざまな手続きにも問題が発生し、相続対策はほぼ不可能となります。

このケースは夫を先に亡くし、相続した妻が高齢のため認知症を発症しかけている状態です。認知症は症状を遅らせるぐらいしか治療方法がなく、放っておけばあっという間に進行してしまいます。重度の認知症と診断されてしまえば、もはや相続対策ができなくなります。相談者の母親は旧知の信託銀行の勧めに従い、遺言信託という「商品」を契約しています。

遺言信託とは、信託銀行が顧客に対して遺言書の作成をアドバイスし、公正証書遺言を作成、これを信託銀行が預かっておき、遺言を残した本人が亡くなった際に、遺言の内容に従って不動産の名義変更や財産分与などを行うという仕組みです。

遺言信託という商品では遺言者の意志通りに相続させるために遺言執行者として信託銀行が指定されており、遺言書の訂正や書き換え等においても常に信託銀行を介在して行っていく必要があり、推定相続人の考え方などは反映していないケースもあります。

そもそも遺言書は相続が発生してから効力が生じます。認知症になり意思表示が困難になってから相続が発生するまでの期間は、資産の活用や運用が滞ってしまうことになります。

■資産管理の主導権を信託銀行から取り戻す

このケースでは、信託銀行と懇意にしていた夫が亡くなったあと、子どもたちが銀行口座を調べたところ、無駄に思える遺言書の保管料やアドバイス料を取られ続けているのがわかり、それを解消したいと望んでいました。ただ、信託銀行も大切な顧客を失うことになりますから、それなりの抵抗があり、トラブルになりかけていたのです。

信託銀行に対して不信感を抱き、子どもたちが選択したのは家族信託という方法でした。家族信託とは、資産の管理や処分について信頼できる家族にあらかじめ託しておくという方法です。認知症になって物事の判断がつかなくなってしまった場合でも、この家族信託をしていれば、財産の積極的な活用や運用、管理や処分を行うことができます（事例23参照）。最終的に残った財産（残余財産）についても家族信託では受取人（帰属先）を指定できるので、遺言書の代用にもなります。しかし、遺言書が作成されていた場合は、その内容と家族信託契約における帰属先が大きく異なっていたり、矛盾が生じたりすると、将来トラブルになる可能性もあります。今回のケースでは、その点においても検討の必要がありました。

家族信託では、信託を受けた者（受託者＝この場合は子ども）が資産の管理を行います。資産の管理を早くから受託者に任せることによって、認知症に関係なく、高齢となった親側（委託者）にもメリットがあります。さらに資産の運用から生じる利益を受け取る権利（受益権）をご自身に設定するだけではなく、将来ご自身が亡くなった後、誰にその利益を承継させるかを指定しておくこともできます。つまり、信託契約が継続する限り、資産の活用や運用、管理または処分について計画しておくことができることが最大のメリットです。

高齢者に限らず、知的障害のある子どもに対しても活用することができます。相続する権利のある子どもに知的障害がある場合、子どもの将来のことを考えて多くの財産を相続させても本人が資産管理できない可能性が高くなります。相続が発生したのちに、将来においてその子をどう見守るかが心配になります。家族信託を利用することで、障害がある子どもの面倒を見て、将来に備えて資産管理もきちんとしてくれる兄弟や家族がいれば、不安なく資産を相続させることができます。

■家族信託による理想的な相続を達成

今回の例では、信託銀行の契約内容に不満を持ち、解消を望んだ子どもたちと母親が、まずは信託銀行との「遺言信託」契約を破棄することから始めました。詳しい内容は省略しますが、信託銀行とは難交渉があったものの、母親が認知症の発症前に公証役場に出向き、以前の遺言を撤回する遺言書の作成を行うと同時に、信託銀行との委託契約を破棄し、さらに、家族信託を利用した理想的な相続を目指すことができました。

相続の知識が不足している人にとっては、任せておけば安心という信託銀行の存在はありがたいものです。ただ、その「遺言信託」に関する契約内容は、子どもや親族など、客観的な立場から見れば現状に合っていない、あるいは納得いかないケースや、税金対策ができていない内容になっていることもあり得ます。他者に任せきりにせず、本人またはその家族が相続についてきちんと見直し、将来の円滑かつ円満な財産承継を検討することが大切です。

【事例提供者】ロイヤルエステート株式会社　米田　穣

Point

遺産相続のように本人の意志が必要な手続きは、判断力を失ってしまう前に速やかに処理しておくことが必要です。その対策として、信頼できる家族に資産管理を委ねる家族信託は、有効な手段の1つです。生前贈与や委任契約、遺言書など他の手段と組み合わせることで、理想的な相続が実現できるのです。そのためにも、自身の持っている財産の調査や分析が重要となります。所有している財産の一つひとつについて将来性も併せて検討していくことで、より良い相続対策ができることになります。

事例 29

抵当に入れた自宅とわずかな現金があるだけ。高齢夫婦が安定した生活を送るための対策

ご相談

夫婦はともに高齢で、夫は歩くのも大変になり、近い将来には介護施設に入所することも考えています。しかし、年金収入が少なく、預貯金を切り崩しながら生活している現状では、入所費用どころか、いまの生活自体が不安です。自宅はリバースモーゲージにしています。この先どうすればいいでしょうか？

解説

■リバースモーゲージのメリット、デメリット

2人の子どものうち、長男は遠く離れたところで家庭を持ち、実家のことにはかかわりたくない。長女は近所にいるが家のことは顧みない。老夫婦はリバースモーゲージを利用し、実家をリフォームし、さらに、お金の使い方が荒い長女の借金を肩代わりするために借入金の一部を長女の借金の返済に充てた。ゆくゆくは家を清算するしかないが、そのような理由でいまも目先の生活資金が欠乏しているという、難しいケースです。

リバースモーゲージとは、自宅を担保にして、生活に必要な資金を借り入れ、自宅に住み続けることができる仕組みです。毎月の支払いが借入金の利息のみであるため、自宅を手放すことなく、老後の生活資金などを確保できるメリットがある一方、通常、借り主が亡くなった際には、担保としていた自宅を売却して借入金を返済しなければならないことや、場合によっては借入金の使い道が限られたりするなどのデメリットもあります。

ただ、金融機関によってリバースモーゲージの詳しい内容や仕組みは異なっており、残された配偶者などにリバースモーゲージを引き継ぐことができたりするものもあります。

注意点としては、商品によっては契約期間があるものがあり、存命中に契約が切れれば、元金と利息の一括返済が求められ、返済できなければ担保としていた不動産を売却しなければならないケースもあります。また、資産価値の下落による融資額の見直しや、変動金利の場合、金利上昇によって毎月の利息返済額が増えてしまうというリスクもあります。

■不動産をいかに売却するかが勝負

このケースでは、ROA診断（事例17参照）した結果、金融資産が少ないために、今後の対策に対する資金手当てができず、新たな借り入れも困難であり、このままの生活を続けていたら6年後には破綻してしまうことがわかりました。

リバースモーゲージを解消するためには、資金が必要です。そこで、当社が資金調達し、土地と家屋を丸ごと買い取り、夫婦には次の居住場所が決まるまでの間は、一時的に住んでもらいながら、次の居住地の選択、将来の資産運用など解決しておくべき課題を1つずつゆっくり対処していくことになりました。どちらにしても将来は不動産を処分しなければならなかったわけですから、最善の方法の1つだといえるでしょう。不動産の売却資金で、夫婦は介護付きの老人向け住宅に入居することができました。

しかし、このように全方向である程度円満に解決できるケースは、あまり多くありません。普通であれば、破綻すると家や土地は売却して借入金の返済を行わなければならなくなりますから、場合によっては不動産は競売にかけられ、期限も決められた中で追い出されてしまう可能性が高くなります。経済的な破綻だけではなく、家族の破綻も生じることになりかねません。

不動産は売って初めてお金になるものなので、現金が不足すれば大きな負担となってしまうこともあります。新聞などでは定期的に公示価格が発表され、「地価が上がった」と喜ぶ人もいますが、それでお金が増えるわけではないのです。むしろ地価が上昇することで固定資産税も上昇してしまい、余計に負担が増えて苦しくなるかもしれません。

以前、政府の発表で「老後資金は2000万円」などという話もありましたが、これは非現実的なことではなく、年間数百万円単位でのキャッシュフローがなければ、実際には生活していけないこともあるのです。思い入れのある土地やこれまで暮らした土地を売るのは抵抗がある人も多いでしょう。老後の生活を考えたとき、不動産よりも現金が必要だという場合があります。この事例のように、現金の不足で破綻してしまう可能性がある場合は、速やかに決断しないといけないタイミングがあることを認識しておくべきでしょう。

【事例提供者】ロイヤルエステート株式会社　米田　穣

Point

広大な不動産を所有していても、それを引き継ぎ維持していくためには、相続税だけでなく、それ相当の固定資産税を毎年支払わなければなりません。お金がなければ、土地を切り売りするしかなくなるのです。それを避けるためには、ある程度の現金を手元に置いておくことが必要です。高齢になれば、がんや認知症の発症リスクが高まります。将来設計と自分たちの生活を維持していくための対策には、元気なうちにすべての資産を洗い出し、正確な分析をした上で長期的で計画的な運用を考えていくことが大切です。

事例 30

認知症になっても、成年後見人を立てれば物件を売却できる場合がある

ご相談

数年前に他界した父親と母親の共有名義の土地があります。母親が2年ほど前から認知症になりました。介護費用の捻出のために、共有名義の土地を売却したいと考えていますが、母親が認知症なので売却は不可能でしょうか?

解説

■母親が認知症。でもまだ資産売却の可能性はある

通常、親などが認知症となった場合、その財産に関しては家族といえども勝手に売却したり利用することはできません。被相続人が亡くなって初めて、相続人が財産の管理・処分を行うことが可能になります。

ただし成年後見人を立てて、しかるべき目的と手続きに従えば、家族の意志に沿って財産を売却することも可能になる場合があります。

今回の相談はまさにそのようなケースでした。相談者の父親はすでに数年前に他界しています。母親は存命ですが2年前に認知症と診断されてしまいました。問題は実家の他に残されていた父親と母親の共有名義の土地の扱いでした。現在と異なり、当時は相続登記が義務化されていませんでしたので、父親が亡くなった際の相続では、登記の変更がされず共有のままになっていました。

父親が亡くなられた直後、その土地の売却の話がありました。その時は母親も長男も「将来的には売却を考えているが、いまはそのタイミングではない」ということになりました。そうこうしているうちに、母親が認知症になってしまったというわけです。

その後数年経って、再び土地売却の話が出たのですが、先ほどお話ししたように相談者の母親が認知症になってしまったということで、長男はもはや共有名義の物件の売却はできないだろうと考えるようになりました。

ただ長男は本音では売却したいと考えており、そこで私たちは「成年後見人を立ててしかるべく手続きをすれば、売却できる可能性がある」ということを提案しました。

■居住用の物件の場合は家庭裁判所の許可が必要

成年後見人は被後見人の財産を管理し保全することを職務の一つとしていますから、後見人を立てた時点で、家族はその財産を自由に売却することは不可能だと考えがちです。特に認知症となると、資産が凍結されてしまうというイメージが強いのです。

しかし、当該不動産を使用収益する予定がなく、その一方で管理費や固定資産税の負担が大きいなど、売却する方が被後見人にとって利益になると認められる場合には、成年後見人に対して事前に売却の必要性や相当性を説明し、あるいは成年後見人から家庭裁判所に事前相談するなど、しかるべき手続きと手順を踏むことで売却できる場合があるのです。

今回は特に「該当する土地が母親が住んでいる場所ではなかった」ということがポイントです。これが仮に母親が居住している土地建物である場合は、成年後見人の判断だけでは売却はできず、さらに家庭裁判所の許可が必要になります。

相談事例に関しては居住用ではなかったため、家裁の許可がなくとも、成年後見人の判断で売却が可能となりました。

元々、この土地は父親と母親の50％ずつの割合での共有でした。今回の売却に先立ち、父親の死亡による相続の際に移転がされていなかった父親の共有持分を、法定相続分（配偶者1／2、子ども1／2）に従って母親と長男に移転させ、母親75％、長男25％に変更して登記し直しました。売却益も母親75％、長男25％という配分となりました。

【事例提供者】タカノ興発株式会社　沖田　勝彦

Point

親が認知症になった場合、成年後見人を立ててしかるべき理由と正当性が認められれば、資産を売却することも可能です。居住している土地建物の売却に関しては、家庭裁判所の許可が必要ですが、非居住用の土地建物の場合には、成年後見人の判断による売買が可能となります。

第5章

スムーズな相続を行うために、今しておくべきこととは？

不動産相続の7つのポイントを押さえる

ここまでさまざまな事例や解説を読んでいただきました。いかがだったでしょうか？　不動産相続をできる限りスムーズに問題なく行うポイントとして、大きく以下に集約されると考えます。

1. 相続全般に関する基本的な情報・知識を深める
2. 資産の状況とそこにある問題点を事前に把握しておく
3. 被相続人がどのような相続を行いたいか、その意思を明確にしておく
4. 相続人が相続税を支払えるか、さらにどのように支払うかまで確認しておく
5. 日頃から被相続人、相続人同士のコミュニケーションを取る
6. 認知症リスクを認識し、早めの対応を取る
7. 不動産相続の専門家のサポートを仰ぐ

以上の7つのポイントを念頭に置いて、早い段階から準備することで、スムーズな相続が可能になるはずです。

この章ではこのポイントを踏まえた上で、不動産相続に際して、おさらいの意味も込めて事前にやっておくべき事柄を具体的に挙げてみたいと思います。それぞれ被相続人、相続人、両者ともにやっておくことを以下に列挙しました。これだけ押さえれば、不動産相続ももう怖くはありません！

やっておくべきこと① 被相続人・相続人

不動産相続の勉強会やセミナーなどに参加する

まず、不動産相続全般に関して、必要な知識や情報を身に付けておく必要があります。前にもお話しした通り、不動産相続には不動産そのものの知識はもちろん、税制や各種法律、賃貸経営など不動産投資に関する知識、幅広い領域の情報が必要になります。

あまりにも幅が広いので、いきなり独学で本を読んで勉強するより、地元の不動産業者が行っている不動産相続セミナーや勉強会などに参加するのが1つの有効な方法でしょう。

地元の不動産業者やコンサルタントによるセミナーに参加することで、知識や情報を得られるだけでなく、そこで業者の担当者と知り合うことで、いざ相続となったときに、改めて相談しやすくなるというメリットもあります。

不動産相続に関しては専門家でなければ対応や処理が難しいものが多いのです。特に複雑に利権が絡んだ物件や、変形地やトラブルのある土地などは、とても当事者だけでは解決が難しい。専門家のサポートが大変大きなウエイトを占めているのが不動産相続と考えていいでしょう。地元のセミナーなどに参加すれば、将来そのような相談に乗ってくれる良い専門家と出会うことができる可能性が高いのです。

また、ＹｏｕＴｕｂｅに不動産相続を解説した動画もいくつかアップされています。自宅でそんな動画を見ながら、不動産相続のポイントを大まかにでもつかんでおくだけでも違いがあると思います。

やっておくべきこと②　被相続人

ＲＯＡ診断で自分の土地の棚卸しと仕分けをする

相続において基本中の基本が、資産の棚卸しです。まずは自分がどんな資産を所有しているかを正確に把握しておかなければなりません。

さらにそれらの資産が実際にどれだけの価値があるのか？　路線価から相続税評価額、実勢価格がそれぞれどれくらいか？　明確に把握しておく必要があります。

当然ですが、これらに関してはとうてい素人では分析&判断はできません。しかるべき不動産と不動産相続の専門家に依頼するということになります。

土地の価値を割り出した上で、それぞれの土地を評価し、所有し続けた方がいいもの、売却した方がいいもの、0円でも誰かに譲った方がいいものなどに振り分けます。これが不動産におけるROA診断で、これまでの実例で何度も出てきたと思います。

ROA診断を怠っていると、不公平な相続をしてしまったり、払わなくてもいいさまざまな税金を払うことになったり、思わぬトラブルになってしまう危険性があります。

測量と公図確認などで現状把握を行う

ROA診断において不可欠なのが測量です。所有している土地がどんな形で境界がどうなっているか？　公図と照らし合わせながらいま一度確認します。

公図は、日本中の土地の形状、地番、道路、水路などを表している図面です。隣接地との位置関係がわかる境界線が表されています。不動産に関係する職業の人以外は、普段なかなか確認する機会はありませんが、とても重要な情報を含んでいるのです。

実際に測量と照らし合わせると、越境があったり現状では存在しない公図上の道路などがあったりします。「え？ こんなのがあったの⁉」「境界が現状とは違っている」などと、驚くような発見がままあるのです。

知らずにそのまま売却するとトラブルの元になりますし、相続税評価額にも影響して相続税が変わってくる可能性もあります。しかるべき処置を行い、場合によっては公図を修正してもらう作業が必要になります（事例25参照）。

公図は法務局が管理し公開しています。最寄りの法務局で申請し、手数料を払えば誰でも日本全国どこの公図も手に入れることができます。また、インターネットでは「登記情報提供サービス」で、所定のお金を支払えば公図をデータで取得することができます。

いずれにしても測量をして公図との確認をすることによって、所有している不動産の実態がより客観的にわかるようになります。ＲＯＡ診断の際の測量がもたらすメリットの１つと言えるでしょう。

正しく有効な遺言書を作る

遺言書がなくても法律の定める分配基準＝法定相続があるので、それに従って分配することは可能です。ただし、各家庭にさまざまな事情があります。必ずしも法定相続の分配が本当の意味での公平な分配になるとは言い切れません。

例えば、相続人数名のうち1人が被相続人の介護をほぼ引き受けていた場合はどうでしょうか？

「他の兄弟は何も手伝ってくれなかったのに、相続の額が一緒なんて納得できない！」など、不満が出てくるのは当然でしょう。相続人たちによる遺産分割協議でそれを勘案して上手に配分できれば問題はありません。しかし、折り合いがつかず骨肉の争いになってしまう可能性もあります。

こんなときに被相続人が遺言を書いて配分を明記していればどうでしょう？

遺留分を大きく侵害する内容でない限り、相続人たちも納得するはずです。スムーズに相続を行うことができる。何より兄弟など相続人同士の争いがなくなるということが大きなメリットでしょう。

しかるべきタイミングで遺言を作成する。それが不動産を含めた相続全般の最も有効な準備だといえるでしょう。

正しい遺言書の書き方とは

遺言書はスムーズな相続のためにぜひ作成をお勧めしますが、書き方には一定のルールがあります。それを守らないと、むしろ余計なトラブルの元にもなりかねないので注意が必要です。

まず、遺言の方式は以下の2つが代表的です。

自筆証書遺言……自分で書いた遺言書

公正証書遺言……依頼者の意向を受けて公証人が作成した遺言書

自筆遺言書は自分一人で自由に書くことができるのがメリットです。ただし、小さなミスで無効になったり、紛失や偽造、改ざんの恐れがあり、信ぴょう性という点で疑義を持たれてしまうこともあり得ます。また、相続の開始後には、家庭裁判所で「検認」を受ける必要があり、遺言の執行まで時間がかかるというデメリットもあります。

さらに、保管場所を相続人や第三者に伝えておく必要があります。万が一発見されないと意味がないばかりか、遺産分割協議を終えた後で発見されたとなると、最初から相続手続きをやり直さなければならなくなるなど、かえって手間をかけてしまいます。

以上のことを踏まえても、遺言書を作成するのであれば公正証書遺言がお勧めです。公正証書遺言は遺言者が「公証役場」に出向き、公証人に口頭で遺言の内容を伝えます。公証人はそれを筆記し、「遺言公正証書」という公文書にします。

この「公文書」にするという点が公正証書遺言の一番の特長であり、メリットです。公証人が作成するため、曖昧な記述や誤った記述はまずありません。内容も特に問題のない遺言を作成することができます。

また、作成には相続人など利害関係者ではない、証人2名以上が同伴しなければなりません。そのため遺言の内容も、私情に流された偏ったものにはまずならないと考えられます。

いずれにしても公正証書遺言は公文書であることから証拠力が強く、その後の手続きがスムーズに行えるというのがポイントでしょう。家庭裁判所の検認も不要なので、すぐに遺言の執行に入ることができます。

公正証書遺言は作成された公証役場に原本が確実に保管されます。保管面でも自筆証書遺言よりはるかに安全で、盗難、紛失、改ざんの恐れもありません。トータルで比較したとき、明らかに公正証書遺言の方が相続にとってははるかに安心かつ有効だといえるでしょう。

やっておくべきこと④　相続人

それぞれ相続税がどれくらいになるかを試算しておく

ROA診断と関連しますが、現有資産の価値が明らかになったところで、相続人それぞれがだいたいどれくらいの相続額になるのか？　そのとき相続税はどれくらいになるのかを事前にある程度試算しておきましょう。

ちなみに相続税がかかる財産とかからない財産は表（186ページ参照）の通りです。

次に、相続税の控除額はというと、すでに何度もお話ししたように

3000万円＋（600万円×相続人の数）

で計算されます。超えた場合は相続税の支払いが生じることになります。

例えば、相続人が配偶者と子ども2人だった場合を考えてみましょう。その場合、基礎控

除額は4800万円となります。

このとき家と土地の財産が合わせて6000万円の場合、基礎控除額は4800万円なので、課税遺産総額は1200万円となります。

・課税遺産総額：6000万円－4800万円＝1200万円

ここから相続税額を「相続税の速算表」（186ページ参照）を使って計算します。法定相続人ごとに計算した税額を合計したものが、相続税の総額となります。

つまり、配偶者の法定相続分は2分の1、子ども2人の法定相続分はそれぞれ4分の1ずつですので、課税遺産総額を法定相続分どおりに取得したと仮定すると、配偶者の取得金額は600万円、子どもの取得金額は一人あたり300万円となります。いずれも取得金額が1000万円以下なので税率は10％です。控除額はないので、

・相続税の総額＝（600万円×10％）＋（300万円×10％）×2人

となり、相続税の総額は、120万円になります。この総額を、各人の実際の課税価格に応じて割り振り、各自の相続税額を算出します。なお、配偶者は配偶者特例を使えますので、税額はゼロとなります。

この相続税の申告および納付は、被相続人が死亡したことを知った日の翌日から10カ月以

相続税のかかる財産
土地・建物
有価証券（上場株式、非上場株式、債権、投資信託等）
現金・預貯金
自動車
ゴルフ会員権
生命保険金（下記の非課税限度額を超える部分）
書画骨董品など

相続税のかからない財産
生命保険金（500万円に法定相続人の数を掛けた金額までの部分）
退職手当金（500万円に法定相続人の数を掛けた金額までの部分）
墓地・墓石
仏壇・仏具
神を祀る道具など

相続税の速算表

法定相続分に応ずる取得金額	税率	控除額
1,000万円以下	10%	−
1,000万円超から3,000万円以下	15%	50万円
3,000万円超から5,000万円以下	20%	200万円
5,000万円超から1億円以下	30%	700万円
1億円超から2億円以下	40%	1,700万円
2億円超から3億円以下	45%	2,700万円
3億円超から6億円以下	50%	4,200万円
6億円超	55%	7,200万円

この速算表で計算した法定相続人ごとの税額の合計が相続税の総額になります。

内に行わなければならないと決められています。

仮に相続財産の額が億を超えると、当然支払う相続税も増えていきます。そうなると、相続税を現金で納めることが難しいというケースも出てきます。相続した不動産のすべてあるいは一部を売却するなどの対応が必要になります。

あるいは相続を受けた際に借金があったり、土地もほとんど価値がなく、いわゆる「負動産」の場合には、相続放棄をすることも考えなければなりません。

まとめると、不動産の相続に際してはその価値を把握した上で

①相続するべきか

②売却するべきか

③相続放棄するべきか

④不動産を活用するべきか

の意思決定をしなければなりません。

いずれにしても、相続が発生する前に相続額がどれくらいか？　相続税がどれくらいになるか？　をシミュレーションしておくことが必要です。その上で、自分が相続に対してどう向き合うかの基本姿勢が決まってくるのです。

認知症対策は先手先手で

認知症はあっという間に進んでしまうことがあります。「まだ元気なので大丈夫」と考えるのではなく、元気なうちだからこそ認知症対策を事前に行っておくべきです。

すでに本書で何度もそのリスクを解説してきましたが、ここでも再度まとめておきたいと思います。

1. 遺言書を作成する

被相続人が高齢者の場合、まだ元気で認知症の気配は全くないということであれば、まさに元気なうちに遺言書を作成しておきましょう。遺言書はできれば公正証書遺言にするのがお勧めです。

2. 家族信託を組む

被相続人、相続人がそろって家族信託を組むことで、受託した家族（相続人）が委託者（被相続人）に変わって財産を管理、処理する権限を持ちます。これにより被相続人が認知症になったとしても、受託者である相続人が財産を管理、処理できます。

被相続人が認知症になると、資産が銀行などにより凍結されることがありますが、家族信託を行っていれば、受託者によって口座からお金を引き出したり、入金したりすることが可能です。

3. 任意後見制度を利用する

認知症になる前に、任意後見制度を利用する方法です。自分が選んだ受任者（任意後見人）に、生活・療養介護・財産管理に関する事務について代理権を与えるものです。

以上の3つのいずれも、被相続人が認知症になってしまったら使うことはできません。とにかく元気なうちに先手先手の準備と対応をすることがポイントです。

やっておくべきこと⑥　被相続人・相続人

被相続人（親）と相続人（子）のエンディング・コミュニケーション

相続において重要なのが、当事者同士のコミュニケーションです。特に被相続人が生前に相続人に対してどんなコミュニケーションを取っていたかで、同じ内容の相続であったとしても、うまくいったりいかなかったりします。

エンディングノートとは、生前に自分の人生の最期について考え、これまでの人生も含めてさまざまに書き綴ったものです。遺言書は主に遺産分割について書かれていますが、エンディングノートはもっと広く自分自身の人生についてまとめたものです。ただし、エンディングノートは自分自身のもので、そこには他者とのやり取りはありません。

そこで、より良い相続を行うためには、エンディングノートならぬ、「**エンディング・コミュニケーション**」が有効と考えます。自分の人生の最期と向き合いながら、その考えや気持ちを相続人はじめ他者に伝えるのです。その上で、他者の感想や気持ちを聞きながら、互いのコミュニケーションを取るのです。

遺産相続に関しても、この「エンディング・コミュニケーション」がとても重要になると考えます。被相続人である親が、自分がどのように相続を考えているかを生前に子どもたちに伝えておく。それに対して子どもたちがどのように考え、どのような希望があるかを話し合うのです。

できれば遺言書を作る前に、あるいは遺言書のひな形を作った段階で、家族の意向や希望をそれとなく聞いておくのです。いきなり遺言書を書くから話を聞かせてくれというと、かえって構えてしまい本音が聞けないかもしれません。ここは簡単に「自分に万が一のことが起きたらと考えて、皆の希望や気持ちを知っておきたい」と伝えればいいでしょう。おそらく、そこでさまざまな希望や意見が出てくることでしょう。

「自分は家付きの土地は相続したくない」

「自分はマンション住まいだから、自宅のある土地を相続したい」

「いまは土地よりもできれば現金の方がありがたい」

などなど。

自分の子どもたちであっても、それぞれに事情や思惑が違います。そのすべてを満足させられるような相続はできないかもしれませんが、全員にとって偏りなく納得ができるような相続の落としどころが、ある程度見えてくるはずです。

また相続人である子どもにしても、親の気持ちや願いがコミュニケーションを通じて伝わってきます。

特に遺産の配分だけでなく、親として子どもたちの今後を思い、いろいろなメッセージを送ることも重要です。

「どんなことがあれ、兄弟が仲良くあってほしい」

「相続によって関係が悪くなるような、そんな兄弟であってほしくない」

親の人生のエンディングでの素直で真摯な言葉は、意外なほど強く、子どもたちの心に残るものです。相続の中で、疑心暗鬼や不平不満についとらわれ、感情を逆立ててしまう前に、その言葉が心を正し、冷静な判断を導く一筋の明かりとなることもあるのです。

相続の前の準備としての「エンディング・コミュニケーション」をぜひ意識してもらいたいと思います。

事例をご提供いただいた企業の皆様

社名	氏名	事例
株式会社イーコムハウジング	北島 光太郎 様	14
ウエストエリア株式会社	大村 武司 様	5、6、7、19
株式会社エイト不動産Lab	近坂 祐吾 様	9、13
株式会社エスクリエイト	笹倉 太司 様	17、20、21
株式会社エヌライフエステート	能美 誠俊 様	23
小田急不動産株式会社	岡田 善幸 様 喜多 秀一 様 鈴江 博之 様	3 11 4
株式会社K-コンサルティング	大澤 健司 様	8、12
株式会社KEN bridge	野田 直希 様	15、26
株式会社コーズウェイ	長谷部 裕樹 様	2、10、16
タカノ興発株式会社	沖田 勝彦 様 柴田 いづみ 様	18、30 25
日経管財株式会社	大川 日出幸 様	24
株式会社ホームスター	植西 晃典 様	27
吉永建設株式会社	正門 元気 様	22
ロイヤルエステート株式会社	米田 穣 様	1、28、29

※記載順は五十音順

あなたの町の頼れる

不動産相続の専門家

～気になることがあったら、気軽に相談してみよう～

ここに掲載している情報は、2024年10月現在のものです。それぞれの専門家についてのお問い合わせは、不動産相続の相談窓口（TEL：0120-231-213）までお願いします。

社名	住所／電話番号／HP
北海道	
株式会社SUMiTAS	札幌市厚別区大谷地東1-3-23 山勇ビル1F 011-895-1111 https://sapporohigashi.sumitas.jp/
太平不動産株式会社	札幌市北区太平11条5-1-8 011-772-2103 https://taihei.jpn.org/
株式会社フォノ	帯広市東二条南7-17-7 0155-67-8102 https://phono.biz/
株式会社ホームスター	旭川市豊岡4条10-7-21 0166-76-7605 https://www.homestar-jp.com/
ロイヤルエステート株式会社	札幌市中央区北二条東7-9-27 011-200-9973 https://www.royal-e.jp/
青森県	
株式会社大川地建	弘前市大字城東4-4-4 0172-27-7771 https://www.ookawachiken.com/
宮城県	
株式会社泉パークタウンサービス	仙台市泉区高森7-2 022-378-0015 https://www.izumi-pts.co.jp/estate/

社名	住所／電話番号／HP
株式会社ケーテック	仙台市太白区あすと長町3-4-11 019-601-5533 http://www.k-tec-iwate.jp/sendairifo-mu.html
株式会社高橋住研	気仙沼市松崎萱90-22 0226-23-1265 https://takajyu.jp/

福島県	
有限会社リブシティ	郡山市桜木2-22-2 024-973-8005 https://livecity.jp/

茨城県	
株式会社 カイテキホーム	つくば市学園の森3-29-6 029-828-4877 https://www.kaitekihome.jp/
不動産サポーター 株式会社	つくば市松代1-17-3-102号 029-886-7762 https://www.supporters.co.jp/

栃木県	
河内土地建物株式会社	宇都宮市下岡本町4160-2 028-610-1960 https://k-tt.jp/
小金井不動産株式会社	宇都宮市鶴田町1366-1 028-612-3667 https://www.koganei-f.com/index.html

群馬県	
株式会社三ラージ	伊勢崎市連取町1225-1 0270-27-8777 https://threelarge.co.jp/
株式会社 タクマ不動産販売	渋川市石原149-1 0279-25-8535 https://www.takuma-fh.co.jp/

社名	住所／電話番号／HP
埼玉県	
株式会社 アットホームズ	本庄市緑1-1-1 0495-24-6688 https://www.at-homes1.co.jp/
川木建設株式会社	川越市広栄町4-16 049-242-2112 https://kawamoku.com/
狭山不動産株式会社	狭山市祇園2-13 04-2958-0077 https://www.sayama-f.co.jp/
ハウスウェル株式会社	さいたま市大宮区大成町3-414 048-662-1011 https://housewell.jp/

千葉県	
株式会社 K-コンサルティング	柏市柏4-5-10サンプラザビル1F 04-7192-8306 https://www.kconsulting.co.jp/
株式会社 豊四季不動産	柏市篠籠田1400-13 0471-38-6922 https://toyoshiki-estate.com/

東京都	
有限会社ウエブン	杉並区高円寺北2-41-13 03-3337-4440 https://www.uebun.co.jp/
小田急不動産株式会社 本店	渋谷区初台1-47-1 小田急西新宿ビル2F 03-6276-0917 https://www.odakyu-fudosan.co.jp/
小田急不動産株式会社 経堂店	世田谷区宮坂3-1-42世田谷 小田急住まいのプラザ内 03-3706-0909 https://www.odakyu-fudosan.co.jp/
小田急不動産株式会社 町田店	町田市森野1-22-14 小田急シティビル町田3F 042-722-5811 https://www.odakyu-fudosan.co.jp/
株式会社コーズウェイ	渋谷区千駄ヶ谷4-19-12 モンパルテ北参道7F 03-6804-5703 https://causeway.co.jp/

社名	住所／電話番号／HP
株式会社 ステディーライズ	中野区新井2-7-2 03-5318-1515 https://souzoku-nakano.jp/
スマイルネット 株式会社	武蔵野市境2-2-23 0422-38-5001 https://www.e-smilenet.co.jp/
中央企画株式会社	多摩市落合1-17-12 ライディングビル1F 042-371-0303 https://www.chuo-net.co.jp/
株式会社 ネクストホーム	東村山市栄町2-8-18 パルティール久米川1F 042-308-2000 https://www.next-h.jp/
株式会社松村地所	八王子市大和田町3-9-14 042-642-6702 https://www.matsumura-est.com/
株式会社 マトリックストラスト	八王子市東町9-8 八王子東町センタービル9F 042-649-8417 https://www.realty-souzoku.jp/
株式会社リブレット	目黒区自由が丘1-12-11 03-5731-9980 https://livlet.co.jp/

神奈川県	
小田急不動産株式会社 厚木店	厚木市中町2-12-15 アミューあつぎ2F 046-297-1077 https://www.odakyu-fudosan.co.jp/
ジェクト株式会社	川崎市中原区上小田中6-20-2 044-741-6088 https://www.jecto.co.jp/consulting/
日経管財株式会社	横浜市中区本町1-7 東ビル503号 045-323-9211 https://www.nikkeikanzai.co.jp/
株式会社日立ホーム	横浜市西区北幸2-15-1 東武横浜第2ビル1F 045-316-8821 https://www.hitachihome.co.jp/
富士リアルティ 株式会社	藤沢市藤沢1051-5TAIKI3BLDG 4F 0466-50-7000 https://www.fujic21.com/

社名	住所／電話番号／HP
富山県	
タカノ興発株式会社	富山市今泉西部町7-1 タカノリフォーム「蒼窮館」2F 076-425-1842 https://takanokohatsu.co.jp/
前田プランニング オフィス	高岡市鐘紡町5-2 0766-25-5500 https://www.maedaplan.jp/

石川県	
宏州建設株式会社	金沢市駅西本町1-3-15 076-263-5355 https://www.koshukensetsu.co.jp/
株式会社さくらホーム	金沢市藤江北1-380 076-266-4411 https://www.sakura-home.co.jp/

長野県	
株式会社サンポー	駒ヶ根市赤穂1298-2 0265-83-1172 https://www.sanpoo.co.jp/
株式会社芹田不動産	長野市大字稲葉中千田2185-19 芹田ビル1F 026-226-8881 https://serita-f.jp/

岐阜県	
株式会社山幸建設	海津市南濃町津屋2371-1 0584-57-2421

静岡県	
株式会社アーガス	掛川市細田229-1 0537-21-7777 https://www.argusnet.co.jp/

社名	住所／電話番号／HP
株式会社アスナロカン	三島市西若町2-5 三島シティプラザ 055-981-0005 https://www.asunarokan.com/
不動産王国株式会社	駿東郡清水町伏見596-23 0120-370-089 https://fudousanoukoku.com/

愛知県	
アーバン・スペース 株式会社 本社	名古屋市守山区脇田町303 0561-56-0145 https://u-space.co.jp/
アーバン・スペース 株式会社 尾張旭店	尾張旭市渋川町3-7-2 0561-56-4355 https://u-space.co.jp/
株式会社朝日土地	岡崎市井田西町5-1 0564-21-5304 https://asahitochi.jp/
株式会社 オノコムリビング ワークス	豊橋市鍵田町36 オノコムビル2F 0532-26-7000 https://olw.co.jp/
株式会社KENbridge	名古屋市昭和区阿由知通3-23 ソレイユ御器所1F 052-251-2567 http://ken-bridge.1tokai.jp/
興和不動産株式会社	名古屋市天白区原4-201 052-805-8151 https://www.homenet.ne.jp/
株式会社 中部管理サービス	常滑市新開町3-30 村上ビル3F 0569-34-8141 https://www.chubukanriservice.com/
株式会社トスコ	あま市篠田南長無15-1 052-459-0788 https://www.tosco.tv/
日興住宅株式会社	名古屋市緑区徳重1-702-1-2F 052-877-6033 https://www.nikko10.jp/
パティーナ株式会社	岡崎市小呂町字4-50 0564-65-8666 https://www.patinacorporation.com/
株式会社 ファーストホーム	名古屋市南区豊田1-15-9 052-698-2224 https://www.first-hm.com/

社名	住所／電話番号／HP
株式会社 ホームプランナー	名古屋市西区名西2-32-16 052-522-2223 https://www.homeplanner.co.jp/
株式会社三鴨地所	一宮市三条字賀111-1 0586-61-7041 https://www.mikamo.co.jp/
株式会社メディクロ	豊田市日南町1-11-6 0565-35-3531 https://medikuro.jp/
リンクデザイン 株式会社	豊橋市豊岡町127-1 0532-21-6275 https://linkdesign.co.jp/

三重県	
株式会社 エイト不動産Lab	津市丸之内18-15 近坂ビル1F 059-226-0801 https://www.e-fudousan-lab.com/

滋賀県	
株式会社 sublime不動産販売	守山市焔魔堂町236 077-582-3300 https://www.sublimehome.co.jp/
株式会社匠工房	大津市真野2-29-1 堅田プライスプラザ内 077-571-1577 https://www.takumikobo-fudousan.com/
株式会社 トラストエージェント	彦根市栄町2-6-65 0749-26-2103 https://trustagent2015.com/
華建築株式会社	近江八幡市小船木町733-15 0748-32-8715 https://hanakenchiku.jp/

京都府	
株式会社 狩野コーポレーション	京都市左京区下鴨梅ノ木町14 KANOHビル1F 075-791-1130 https://www.kanoh.com/

社名	住所／電話番号／HP
株式会社 京都ベストホーム	京田辺市田辺中央1-6-3 0774-66-3083 https://besthome.ne.jp/kyoto/

大阪府	
株式会社 アイ・ディー・シー	吹田市広芝町10-35 江坂南口第二ビル6F 06-6190-5011 https://www.id-com.co.jp/
ウエストエリア 株式会社	大阪府大阪市港区市岡元町3-13-5 06-6585-6963 https://www.westarea.co.jp/
株式会社 エスクリエイト	岸和田市別所町3-10-3 エスクリエイト本社ビル2F 072-437-8600 https://screate-sensyu.co.jp/
株式会社住宅 ファミリー社	大阪市東淀川区菅原5丁目5-27 アミル8 06-6327-6633 https://www.jyuutaku-family.co.jp/
大伸開発株式会社	高槻市郡家本町12-1 大伸ビル3F 072-686-1230 https://www.daishink.com/
冨田建設株式会社	大東市大野1-4-4 072-872-1348 https://tomita-souzoku.com/
南部建設株式会社	大阪市阿倍野区阿倍野筋4-9-14 06-6622-0645 https://www.nambu.co.jp/
株式会社 momotarou不動産	吹田市高城町15-4 MJBLDG 1F 06-6319-7166 https://www.momotaroufudousan.co.jp/
株式会社山喜	大阪市住吉区遠里小野5-18-12 06-6693-7981 https://wakuwaku-house.com/
株式会社 ラックハウジング	大阪市城東区成育2-16-15 06-6932-7777 https://www.luckhousing.info/
有限会社 ワンダーランド	大阪市浪速区敷津西1-1-25 06-6643-5755 https://720.co.jp/

社名	住所／電話番号／HP
兵庫県	
株式会社 旭パワーマネジメント	姫路市青山西4-4-1 079-267-7711 https://apmcl.co.jp/
株式会社圓陣	加古川市尾上町今福462-1 079-427-1781 https://www.enzin.co.jp/
逆瀬川はうじんぐ 株式会社	宝塚市中州1丁目15-34 0797-71-3662 https://www.sakasegawahousing.jp/
美松ホーム株式会社	揖保郡太子町東保20-1 079-277-3366 https://www.mimatsu-home.co.jp/
吉永建設株式会社	川西市多田桜木2-1-29 072-792-2600 https://www.yoshinaga-group.jp/

奈良県	
株式会社日本中央住販	奈良市法華寺町70-1 0742-30-3332 https://home-ncj.co.jp/

鳥取県	
株式会社ヤマタホーム	鳥取市千代水2-130 0857-30-4548 https://www.clover-jukobo.com/

島根県	
岩見建設有限会社	益田市かもしま西町6-21 0856-22-8268 https://www.r-iwami.jp/
ハウジング・スタッフ 株式会社	松江市東津田町453-2 0852-61-3857 https://housing-staff.jp/

社名	住所／電話番号／HP
岡山県	
佐藤建設株式会社	美作市入田247-1 0868-72-3434 https://www.satoukensetsu.co.jp/
株式会社サマー・ラボ	岡山市北区学南町2-6-4 学南荘1F 086-239-8200 https://www.summer-lab.com/
広島県	
オールハウス株式会社	安芸郡府中町八幡1-4-23 0120-188-068 https://www.allhouse.co.jp/
有限会社タイカツ	広島市安佐南区古市1-15-9 082-877-6662 https://www.taikatsu.co.jp/
株式会社日興ホーム	東広島市西条町寺家3847-2 082-421-0055 https://www.nikko-home.com/
山口県	
株式会社 エヌライフエステート	山口市銭湯小路25-1 083-902-5888 https://www.n-lifeestate.com/
株式会社公司	周南市大字徳山6676-1 0834-33-8193 https://koshi-web.com/
株式会社安成工務店	下関市綾羅木新町3-7-1 083-252-2419 https://www.yasunari.co.jp/
安本建設株式会社	岩国市元町1-2-14 0827-22-5500 https://www.yasumoto.co.jp/
徳島県	
株式会社 ブリーズハウジング	徳島市北矢三町3-2-84 088-660-7022 https://www.r-house-breeze.com/

社名	住所／電話番号／HP
愛媛県	
株式会社 トータルエステート・プロ	西条市神拝甲230-1 0897-58-5551 https://www.tepsystem.com/

福岡県	
株式会社 アイ住宅サービス	北九州市戸畑区沖台2-3-10 093-882-1001 https://www.ai-jyutaku.com/
アルバクリエイト 株式会社	福岡市中央区警固2-17-30 アルバけやき通りビル6F 092-732-1011 https://www.alba-create.jp/
株式会社 イーコムハウジング	福岡市西区今宿駅前1-2-4 092-406-1156 https://www.eraberu-e.com/
いい管理株式会社	太宰府市通古賀4-4-27 メゾンド陶山101号 092-534-2570 https://www.iikanri.com/
WILLハウジング 株式会社	飯塚市上三緒445-17 0948-22-8207 https://will-housing.com/
株式会社大岡組	大川市三丸339-3 0944-86-4582 https://hillshousing.com/
彩生館博多センター 株式会社	福岡市博多区博多駅中央街7-2 博多SSビル5F （株）ピーアイティー会議室内 092-600-8008
株式会社髙山不動産	赤間駅前1-7-1 0940-32-0616 https://www.takayama.biz/
株式会社安成工務店	福岡市博多区山王1-16-33 092-432-6330 https://ys-p.com/

長崎県	
株式会社 アスキーハウジング	西彼杵郡長与町吉無田郷2005-2 095-894-8614 https://www.askey-h.com/

社名	住所／電話番号／HP
株式会社松下建設	東彼杵郡波佐見町長野郷563-2 0956-85-2330 https://matsusita.co.jp/
株式会社RICC	長崎市葉山1-3-21 095-881-0295 https://www.riccsan.jp/

熊本県	
熊本賃貸ネット 株式会社	熊本市北区武蔵ケ丘4-20-20 096-337-3131 https://www.heyamise-kumamoto.com/
コーエイ株式会社	菊池市野間口338-1 0968-23-7100 https://www.ko-ei.net/
株式会社 中村不動産開発	宇土市三拾町201-2 0964-22-0815 https://www.nakafu.com/
ファミリーステージ 株式会社	熊本市中央区水前寺6-50-20 096-285-8091 http://www.family-stage.jp/
株式会社明和不動産	熊本市中央区辛島町4-35 096-322-5555 https://www.meiwa.jp/

大分県	
大分ベスト不動産 株式会社	大分市大字政所2150 097-574-8582 https://www.c21oita.com/
SAKAI株式会社	大分市玉沢755-1トキハわさだタウン2街区3F南通り7丁目 097-529-6780 https://oita-sumai.com/
株式会社すまいる	大分市大字下郡3659-25 ピースコート21-102 097-599-8111 https://oita-smile.net/

沖縄県	
新垣産業株式会社	名護市為又1219-87 0980-52-2632 https://www.arakaki-sangyou.jp/

30事例《じれい》から学《まな》ぶ
不動産《ふどうさん》のプロだからできる親《おや》と子《こ》どもを幸《しあわ》せにする相続《そうぞく》

2025年2月17日　初版第1刷

著　者 ―――――― 不動産相続の相談窓口《ふどうさんそうぞくのそうだんまどぐち》

発行者 ―――――― 松島一樹

発行所 ―――――― 現代書林

〒162-0053　東京都新宿区原町3-61 桂ビル

TEL／代表　03 (3205) 8384

振替00140-7-42905

http://www.gendaishorin.co.jp/

デザイン ―――――― 中曽根デザイン

印刷・製本：(株) シナノパブリッシングプレス

乱丁・落丁はお取り替えいたします。

定価はカバーに表示してあります。

ISBN978-4-7745-2025-4 C0036